Димитрије В. Љотић

ДРАМА САВРЕМЕНОГ ЧОВЕЧАНСТВА

ДРАМА САВРЕМЕНОГ ЧОВЕЧАНСТВА

О којој говорим пред вама, госпође и господо, није за Збор нова тема.

Од своје прве појаве Збор није ништа друго радио, и говорио, већ указивао на драму која се сада отпочиње пред нашим очима да одиграва. Ништа друго није он говорио народу, већ једне и исте речи у разним облицима: "Народе, знаш ли да иду и купе се страшни облаци? Знаш ли да тек што нису зафијукали страховити ветрови? Осећаш ли, народе, како велики трусови тек што нису отпочели своју разорну игру?"

А потом, окренувши се нашем државном броду, Збор није ништа друго радио, него испитивао пут његов, с обзиром на те страхотне облаке, с обзиром на те ужасне буре и с обзиром на те велике трусове који се спремају да дођу. И затим, тај исти брод испитивао, да ли је довољно јак да се одупре свим тим трусовима, свим тим бурама, свим тим облацима тучоносним.

Збор није ништа друго говорио и делао, но с обзиром на догађаје који долазе, гледао да наш унутрашњи народни и државни живот тако упути, како би народ и држава могли дочекати без страха тако страшне дане; није ништа друго радио и говорио до покушавао да наш државни брод пође оним путем, на коме би, кад такви дани дођу, било најмање опасности по њега, а с друге стране покушавао да народ тако ојача и толико јаким учини, да кад та велика и страшна ноћ дође, да он прође кроз њу и сачека зору неокрњен и неисцрпљен.

Нису други тако радили! Сувише занети непосредним догађајима пред собом, сувише занети стварима за које није потребан велики напор да се сагледају, њихова је главна брига била како ће на томе броду дочепати добра места, како ће у томе народу имати што повољнији положај, како ће што ближе бити команди на томе броду, не хајући и не марећи - јер не верују - за оне речи што су предсказивале тако страховите догађаје.

Зато су ти људи прво звонце ове велике драме пречули. Друго нису схватили. А кад је треће дошло, они су мислили да је тек прво!

Али, одмах затим, после трећег звонца, знате да се завеса диже и Драма савременог човечанства почиње у својој страховитој величанствености да се одиграва пред очима оних што је до јуче нису предосећали и што на туђа предосећања беху глуви и неми, верујући да се ради о неким сањаријама, а не о истинитим саопштењима непосредне наше будућности.

И, ето, драма је већ ту! Ми данас можемо, делом као посматрачи, а делом као учесници, да о њој говоримо. Али ја, овде пред вама, нећу да о тој драми говорим нижући вам догађаје нити описујући појединости. Све оно што драму чини драмом, сви они ситни и крупни догађаји, материјални и морални, нису предмет мог вечерашњег дела. О томе говорити нећу! Све материјалне штете, све губитке, све сузе, све болове, сву крв, све жртве, хуку и буру које собом носе страховита рушења, није моје да вечерас излажем.

И кад кажем: Драма савременог човечанства, ја у та ређања улазити нећу! Хоћу само да се потрудимо заједнички, ви као слушаоци, а ја као онај што излаже - јер је то наше заједничко дело -хоћу да се потрудимо заједнички да нађемо: шта је управо суштина те драме?

И ако тако поставимо питање, онда ћемо сигурно добити овај одговор: нису суштина те драме, ма како страшни и болни били они милиони живота који ће се током те драме погубити, нити сузе, бол, жртве, лом, хука, цика и тутњава. Све то није суштина драма!

Суштина драма - то је горка и чемерна судбина човечанства што је тада, кад је веровало да је управо додирнуло врхунац свога разума, упало у бесмислицу и сулудицу - што је у времену, кад је мислило да је достигло највећи степен слободе, дошло да робује стварима које је само створило; што је онда, кад је гордо и охоло човечанство већ себе увелико успело да обожи, да себе у својим очима направи нечим апсолутним, бедни људски род што се вије као црв на земљиној кугли, дошао до најнижег понижења. Охолост разума његовог довела га на беспуће, а трка за сенком од слободе довела у право ропство сопственим творевинама.

Није - понављам - суштина драме људске, ма како страшни и болни били догађаји које ток саме драме доноси пред нас, ни милиони живота, ни сузе, ни болови, ни штете, ни пустоши, чак ни греси који ће се током те људске драме испреплести. Суштина драме - то је изгубљени пут. Суштина драме - то је трка за сенкама наше надутости што нас је одвело на беспуће и довело до руба пропасти.

I РЕДИТЕЉ

Ви, поштовани слушаоци, добро знате обичај да гледаоце и слушаоце ваља претходно упознати са главним личностима саме драме. Још нисам чуо да је игде приказивана драма, а да претходно није људима објашњено које су главне личности које у тој драми учествују. Право би било да и ја тим редом пођем.

Али ја ћу да почнем прво од оне личности која има улогу Редитеља драме. Оног која је више него Редитељ, оног што је њезин творац и организатор, оног што додељује улоге и одређује игру, оног који једино познаје прави смисао догађаја што се одигравају.

То није један човек, то је једна колективна личност: то је један народ. И то не обичан народ. То је један од највећих и нејнеобичнијих народа на свету.

То је народ који нема своје одређене територије: расут је по целом свету и расејан као плева међу другим народима.

То је народ који је чак свој рођени језик заборавио: он говори туђим језицима. То је народ који је чак социјалну структуру народа изгубио: он више није народ у социјалном смислу речи, јер народ један као и дрво има корен, стабло, лишће, круну, цвет и плод. Овај народ нема ту социјалну структуру. Он је као гранчице имеле расут по земљи, пушта жилице по туђим стаблима и на тај начин постиже посредно, без труда који други народи имају, да свој живот на земљи обезбеди.

Тај чудни народ променио је и своју веру. Његова данашња вера није више вера његових праотаца, иако он љубоморно чува своје свете књиге и носи их собом. И мада га те свете књиге оптужују, он их љубоморно собом носи, и као ретко ко у свако словце онде верује. Па ипак његова данашња вера не одговара вери његових праотаца. Своју данашњу веру је он сковао у прогонству. То је вера која га је ослободила обзира према средини у којој живи, то је вера која му је дала оружје да морал сачува само према својој сабраћи и суверницима и да му свако средство, у општењу са онима који не припадају његовој раси, буде дозвољено.

Он је и душу променио. Не може неко да промени толико колико је променио тај велики израиљски народ, (јер је Израиљ име његово), не може неко да изгуби отаџбину и да буде расут по свету, да заборави језик, да веру промени, да социјалну структуру промени и поред свега тога још да му душа остане онаква каква је била некада И његова душа морала је да претрпи велике измене. Та душа се пак упила злобе и пакости. Живећи у средини која није његова и у којој је увек био прогнаник, он је с једне стране морао да навуче маску лажи на своје лице. Никада да буде онакав какав је у ствари. С друге стране, да се наоружа мржњом према онима, због којих мора стално маску на лицу да носи. А мржња је страховити експлозив! Радити са мржњом, то је радити с опасним разорним средством, страшнијим и опаснијим разорним средством него што је ма који експлозив који су људи пронашли. А Израиљ вековима тако живи!

Он је морао да промени дубоко своје обичаје и навике. Прошли пут, на једном предавању додирнуо сам случајно, а данас то морам поновити, један од најтежих примера, где се види колико је Израиљ своју психу морао променити. Сви народи имају култ мртвих. То је једна од основа религијског живота сваког народа. Народ, коме је култ мртвих забрањен, коме вера забрањује култ мртвих - јесу Јевреји! Израиљу је забрањено да поштује своје мртве на начин као што поштује остали свет. Израиљ не може да кити гробове. Израиљу је забрањено да излази често на гробља. Народ луталицу не сме ни гробље да веже за један крај земље. Тек једном у годину дана да очита молитве за мртве, али и то не мора на гробу, већ на сваком другом месту.

Ето тај народ је Редитељ Драме савременог човечанства. Зашто?

Замислите народ који има такву историју као што је има Израиљ. Историју преко које смо ми Европљанл везани с небом. Али народ који је упркос тога божанског и небеског порекла своје историје, преко које је хришћански свет везао с небом, постао Редитељ ове драме, онога дана кад је небеско значење својој историји порекао.

Свакој ствари из своје историје он је дао земаљско значење. Иако је гордо истицао њено небеско порекло и своју божанску изабраност, он је одбио да верује у небески духовни смисао свега што се у њој обећава и одиграва.

Зар се није праотац Јаков, онај по коме они имају име Израиљ, целу ноћ, на месту које је названо Фануил, рвао с Богом што на се узе лик човечји. И кад би пред зору, зар не рече човек који се рваше с Јаковом: ''Пусти ме, зор аје!'' А Јаков му поносито одговори: ''Нећу те пустити, док ме не благословиш!'' И Човек - назвавши га Израиљем - благослови га и рече: ''Борио си се и рвао с Богом и људима и одолио си! Да си благословен!''

Који је то народ и има ли иједног који се у својој историји дрзнуо да помисли да се рве с Богом? Само је Израиљ тај! Само један народ у основи своје историје има ту страшну и величанствену сцену да се његов предак, онај од кога је постао, не с народима и не с људима, већ и с Богом рвао. И целу ноћ проведе у борби, и целу ноћ остаде непобеђен. Једино му се ишчаши стегно у зглавку и оста сакат, те оде рамајући своме брату Исаку у сусрет. Али с Богом се борио целу ноћ и Богу је одолио.

И та старозаветна прича уклесана је у душу израиљског народа. Онако као што је у нашу песма о Милошу и Марку. Она влада његовим животом. Могу остали народи једни друге побеђивати, а Израиља ни Бог не обори, па га ни они неће оборити.

Зар у месту Ветиљу, кад бежаше Левани ујаку и тасту своме, Јаков не усни, како лестве стојаху на земљи, а врхом тицаху у небо, и анђели се по њима пењаху и слажаху, и зар на врху њиховом сам Господ не изговори ове речи: ''И сјемена ће твога бити као праха на земљи, те ћеш се раширити на запад и исток, на север и југ, и сви народи благословише се у теби и у имену твоме. И ево ја сам с тобом, и чуваћу те куда год пођеш, и довешћу те на траг и нећу те оставити докле год не учиниш што рекох''.

И зато што Израиљ верује да је њему суђено да влада народима и да се томе закону, томе завету који је направљен између Бога и оца његова Јахова, ништа одупрети неће, да ће на крају крајева: кроз патње, кроз муке, ипак Израиљ владати народима. Томе једино има да се благодари, што је ево његова страшна, мучна и величанствена историја пред нама, и ми видимо како је тај народ под приликама, под којима ниједан други народ остати не би могао - остао! Он је био млевен, али не самлевен! Он је био трвен, али не сатрвен! Гониоци су његови пропадали, али - он не!

Али се зато душа његова накупила мржњом, али се зато стално његова душа мењала под притаском свих тих рвања с Богом и људима, и све више код њега узимало маха и места веровање: Доћи ће зора кад ће, као човек што се рваше с Јаковом, народи рећи: "Пусти ме, Израиљу, зора је!" А Израиљ ће тада одговорити: "Нећу те пустити, док ме не благословиш! Нећу те пустити, док ми не признаш победу! Нећу те пустити док ми не предаш знаке победе!"

Многи људи који су посматрали тај феномен, покушавали су да дурашност и издржљивост Јевреја, упркос околности којима се ниједан народ одупрети не би могао, објасне разлозима психо-биолошким, економским и политичким. Али велики ум - Достојевски, рекао је: "Не, нису се Јевреји одупрли кроз своју историју тако да је нестало и Римљана, и Вавилонаца, и Персијанаца, и Мисираца који су их гонили, а они гоњени остали - нису они из тих политичко економских разлога остали. Не! Но у срцу њиховом и души њиховој, као велики извор неисцрпне снаге, остала је вера да су они изабрани народ."

Да су све те невоље као облаци иза којих сунце сија, да су све то пролазне ствари, да су све то процеси у мучном и дугом рвању које је Израиљу суђено да има с Богом и с народима, али да на крају крајева Израиљ, кад дође зора, мора победити.

Израиљ је због тога отпочео у људској историји да дела у правцу те мисли да он мора победити. Израиљ је припремао остварење своје вере у своју победу.

Како је делао? Свим могућим средствима, али увек према постављеном циљу. Ако је требало да трпи понижење, он га је трпио; ако је требало да трпи насиље, он га је трпио; ако је требало да се одрекне чак и вере своје - и тога се одрицао, исто тако лако као и језика. Али све је то било само за друге. За себе је он остао Израиљ.

Зар нам друга старозаветна прича не објашњава тајну чудесног успеха Израиљског, као што нам прва објашњава тајну чудесне му дурашности?

Зар не беше праотац Јаков млађи брат Исавов, син старог и слепог Исака? Зар иако млађи, не успе да се постане старији од Исава? Зар иако благослов старешинства и наслеђа би намењен старијем Исаву, не успе млађи Јаков, да благослов добије.

Прича вели:

Кад Јаков чу да слепи Исак посла старијег Исава да нешто улови, да донесе мајци да спреми оно што воли душа старога му оца, да би јео и благословио га пред смрт, потрча у стадо, те заклавши два јарета донесе мајци да спреми, а он дошавши пред оца свога рече: ''Устани оче... Донех ти што је тражила душа твоја, једи и благослови ме.'' И превари оца зачуђеног како се тако брзо врати како је Господ сам учинио да лов изађе преда њ. А затим кад отац посумња и затражи да опипа врат и руке његове, јер у Јакова беху глатки, док у брата му беху рутави, прннесе мирно врат и руке обложене јарећим кожицама. И опипавши их слепи би преваром заведен, успркос сумње да је глас Јаковљев, те благослови благословом старешинства Јакова: ''Племена ти се клањала, а народи те слушали. Благословен који тебе благослови, а проклет био онај који тебе успроклиње.''

И благослов слепог Исака оста на Јакову и после откривене преваре, јер што даде не хтеде или не могаде кварити, те Јаков само побеже од гнева брата свога у Лавану, ујаку својем.

Пред чим ће Израиљ доцније задрхтати, кад књиге које он тако љубоморно чува - а од почетка откључава својим чисто телесним и земаљским кључем - веле да је праотац Јаков и сам благослов преваром добио, те тако од мањег већи, од млађег старији, од сиромашнијег богатији, од оног што требаше у сенци да остане, онај што за веки у светлосном има да стоји постаде.

И заиста видимо; будући у средини, која му никад није могла бити пријатељска, Израиљ је стално под маском. Врло се ретко да сагледати његово лице. По правилу мора бити обложено маском онако, као што би обложен јарећим кожицама голи врат и голе руке праоца му Јакова пред слепим му оцем Исаком.

Он ту маску носи кад дође у један народ и представи му се, после извесног времена док научи језик његов, као његов син. Он ту маску носи кад, угнездивши се у том народу, онима што владају, прилази с највећом понизношћу, јер само маска може сакрити охолост најохолијег Израиља! Он ту маску носи кад својим суграђанима друге вере говори о једнакости, јер никад Јеврејин не верује да је једнак с осталим народима. Он ту маску носи кад се појави на трибину пред радничким масама једног народа и говори о мржњи што класе тог народа једна према другој треба да гаје, јер он врло добро зна да је то што он говори намењено само класама других народа и да нема народа у коме је тешња солидарност, него што је код Израиља (Бурно одобравање и аплауз). Он ту маску носи кад говори другим народима о безбоштву, јер како би могао прави Јеврејин бити атеиста; он чија је сва срж душе везана кроз народну историју с Небом. Али он то говори под маском јер је то намењено другим народима. Он носи маску кад говори против брака и породице другим народима, јер нема народа који је тако породичан као што је јеврејски народ. Али ово је намењено другим народима, да се друге породице разбију. И кад говори с подсмехом и иронијом о традицији других народа, он носи маску, јер нема традиционалнијег народа на свету, него што је јеврејски народ. (Узвици: Тако је!) Маску носи и кад говори за интернационализам, јер он има одвратности према другим народима. Маску носи и кад је за демократију, и кад је за социјализам и кад је за комунизам.

Све дакле што ради међу другим народима, све је везано за ону маску, коју је праотац његов имао на лицу, кад је добио благослов првенства.

Да ли је та његова борба била успешна? Да ли је дала резултате? Мислим да је једва потребно да ја на то потврдно одговорим. Резултати те и такве борбе виде се на сваком кораку. Резултата те и такве борбе Израиља виде се у хришћанској Европи.

И благодарећи томе он је успео на крају 18. века хришћанске ере да све заштитне системе европских народа поруши.

Он је успео да поруши религиозне моралне заштитне системе свакога народа. И место тога да унесе страшну сумњу, огроман немир у душе европских народа, ако не и само безбоштво. Али свој религиозни систем, веровање и завет Јаковљев с Богом, Израиљ није напустио.

Он је успео да у политици поруши заштитне системе европских народа које су европски народи током своје дуге историје излучили из себе, онако као што пуж излучи из себе љуштуру да га штити. Место тога даје, било посредно или непосредно, доктрину о политичкој демократији, која у ствари није ништа друго него могућност да Јевреји у политици могу доћи до изражаја, да изиђу из дотадашњег подређеног става. Све дотле док није доктрина демократије успела да завлада светом, Јевреји су били у сваком народу корпус странијерум, једно одељено тело, једна скупина људи над којом су јавни органн морали да воде велику контролу. Због тога су седели у засебним крајевима; због тога им је било наређено којим пословима смеју да се баве; због тога им је било одређено шта смеју и у које доба дана и ноћи смеју да се крећу. Једном речју, зато што су дотадашњи системи европских народа осетили да се ради о једном народу кога је опасно пустити да се измеша потпуно са средином.јер га средина никад неће асимилирати, а он ће у њој деловати као опасна разарајућа киселина - тадашњи системи су их држали постранце.

Јевреји су отуда, највећи поборници демократије, она је за њих прозор кроз који су ушли у срце и недра тих народа, наместили се као код своје куће и отпочели на велико да раде. Дотле скромно разарање и растварање, прешло је од тог времена у рад разарања и растварања навелико.

Али тај рад Јевреја био је само пролог пролога ове драме, одигран пре сто педесет година са такозваном француском револуцијом. Права драма почиње у наше дане.

Јер је Израиљ за ових 150 година у владавини над светом много напредовао. Али све је то било само подножје које му је било потребно за последњи ефикасни скок.

Ако погледамо светску економију, онда ћемо видети да Израиљ, кога има 15-16, а неки кажу 18 милиона душа, има такав непосредни удео у светској економији, да би тај његов удео и кад би припадао неком десет пута већем народу, био претерано неправичан. А шта да кажемо онда кад припада народу који чини само 0,75% целокупног човечанства? (Одобравање).

Својим економским теоријама Израиљ је успео да убаци у све европске хришћанске, па преко њих и остале велике светске народе, теорију о новцу, по којој новац постаје не само средство за размену, средство економског саобраћаја, што је његова права улога, него постаје таква вредност која у економији сваког народа надмашује све друге вредности.

Другом једном приликом изнесо сам овакав пример: Замислите да десет људи седе у једној соби. Сваки од њих има разних добара за вредност од по сто хиљада динара. Један има свиња, други оваца, трећи њива, четврти кућа, пети робе итд. - сваки има вредност од по сто хиљада динара, али нико нема новаца па њихово имање због тога пати. Свиње и овце немају хране, њиве се не обделавају, куће не поправљају, роба не употпуњује. Њих десет, тако, имају скупа милион динара. Али ако уђе у ту собу човек који нема ни оваца, ни свиња, ни кућа, ни робе, ни књига, ничега, али има сто хиљада готовог новца она десеторица мораће да устану и да се поклоне. И ако њих десеторица заједно имају милион, а он један само сто хиљада, благодарећи данашњем економском систему о новцу, која је чисто јеврејска творевина, он један вреди више него њих десет (Буран аплауз).

То није ништа ново за вас, госпође и господо, то ви сви знате из живота. Тако је то у животу и тако је то само благодарећи тој теорији о новцу коју су Јевреји успели да убаце у све хришћанске државе; по којој је новац нешто више него обичнао средство већ вредност нарочите врсте, која се не може да мери ни са каквим другим богатством, ни стоком, ни робом, ни кућама, ни њивама - ничим на свету. Благодарећи томе, новац је постао већа вредност и од човека. (Бурно одобравање). Човек мања - новац већа вредност: Човек служећа, новац господарећа вредност.

Из римског права, остала је изрека као одговор на питање кад се појави неко недело а учинилац му се не зна: His facit qui prodeste. (Онај је учинио коме то и користи).

Па коме користи овакво схватање? Да ли хришћанима и осталим народима који имају њиве, кућу, робу, стоку, који се баве другим пословима? Не! Користи онима који својину не претварају у непокретна имања, него њом саобраћају, на новчаним изворима.

А кад знамо да јеврејски народ због свога прогонства, због свог карактера луталице, има од својих мудраца препоруку да тековину своју не претвори у непокретна имања, него покретна, пошто се не зна докле ће у једном крају бити, то је сигурно да је овоме народу који је покретну имовину и нарочито новац ценио више него непокретну имовину и остале врсте добара-сигурно је да је овај систем користио Јеврејима, па према томе сигурно је да они за тај систем одговорност и носе.

Они су дакле, благодарећи томе, успели да у привреди свакога народа па и у целој светској привреди, имају пресудан утицај. Они су преко тога успели: да се све банкарство светско, да се сва велика светска трговина налази у њиховим рукама, да се сва кључна индустрија налази у њиховим рукама. Нешто непосредно, по томе што су јој господари, нешто посредно, што су јој финансијери или што држе у рукама друге полуге којима утичу на ту врсту људске привреде.

Шта они не држе? Пољопривреду. То јест не раде поља, не раде земљу. То раде други народи. Али је зато трговина са пољопривредним производима у њиховим рукама! Занате исто тако. То јест они не кују, нити тешу. Али све што се кује и теше и све чиме се кује и теше налази се у њиховим рукама.

Једном речи, све оно што представља економију света налази се више или мање под њиховим утицајем, на тај начин што га стварно имају као поседници, као и на тај начин што својим везама контролишу то.

То су велике тековине које су успели за ових сто педесет година да остваре, од како су успели да поруше поредак који их је држао, као корпус страниерум, под изузетним законима, под изузетним режимом.

Али Јевреји нису тиме задовољни. Они су благодарећи своме утицају у економији успели да завладају на чисто економском домену сваког народа. Али су видели да није довољно владати економски једним народом; они су видели да има ствари које нису хлеб, нису материја и које утичу на живот једнога народа; они су се зато дочепали и великих манифестација духовног живота сваког народа. Они држе велику штампу у својим рукама! Или под својим утицајем. Они држе сва велика приватна позоришта у свету и опери у својим рукама. Они држе најмање 3/4 светске филмске индустрије у својим рукама! Они држе велика издавачка предузећа у својим рукама! Они држе велике часописе у својим рукама ! Шта ће хришћански и остали несемитски народи читати у новинама и часописима, одређују Јевреји; шта ће у позоришту гледати - одређују Јевреји; шта ће у филмовима гледати -одређују Јевреји! (Бурно одобравање, аплауз и узвици: Тако је! Живео!) И чисто хришћански писци, позоришта, новине, часописи, плаше се, зазиру од утицаја Израиљског. Осећају његову огромну моћ. Боје се сукоба са њим. И без борбе му се предају. Отуда тај фантастично велики јеврејски утицај на духовни живот нејеврејских народа.

Кажу људи да чак и шта ће се у балету давати, да чак и то Јевреји одређују!

Али ипак и то није довољно. То још није она зора кад ће онај који се рве рећп: "Пусти ме! Зора је!" Још изгледа да је зора далеко, јер с времена на време букне реакција, дође неки погром. С времена на време нека влада покаже да не спава. С времена на време настане некакав покрет међу људима против њихове владавине. С времена на време, народ почиње својим разумом да схвата, да се буни и да као слепи Исак тргне се и каже: "Глас је Јаковљев, али руке су Исавове" и да запита: "Да ли си ти син мој Исав?"

Према томе није још то - мисле Јевреји - није још то што треба да дође. Још је то све несигурно; још то није онако како би требало да буде.

И Јевреји знају и веле: Мора доћи час, кад ће Израиљ владати свима народима. Али не овако с маском на лицу већ владати без маске. Мора доћа час када ће Израиљ моћи слободно да скине маску и да као суверен стане пред народима. Не као данас да изиграва другостепене и десетостепене, да пусти којекакве аријевске глупаке да изиграву прве, а он позади само да вуче конце. Не то! Него да Израиљ стане на право место своје, на подиум где му је место, да виде народи Израиља у свој слави и величини његовој.

Добро је то што је Израиљ већ постигао, али није довољно то. Још није зора.

Да то дође, потребан је цео овај пут, али није довољан.

Још нешто мора бити! Мора доћи велика револуција. Огроман хаос у свету. Мора доћи страшан лом. Биће ту и Јевреја који ће страдати. Али, Боже мој, колико је сваки хришћански народ жртвовао за славу и величину своју, колико је жртава својих правих чистокрвних синова дао, па мора у томе земљотресу и Израиљ дати жртава. Али те су жртве потребне. То је као оно стегно на нози Јаковљевој што се ишчаши приликом рвања, те Јаков поче рамљати. Те жртве морају доћи, али после долази зора, долази час победе Израиља!

"Јер само тако - рачуна Израиљ - све сам припремио. Расуо сам народе. Стоје хришћански народи у Европи хришћанској, али пометени, сви су разуђени, атомизирани. Пресекао сам све везе међу њима. Не само да сам успео да бацим народ против народа, већ сам и у сваком народу убацио страшну збрку појмова, огромну сумњу, бацио брата на брата рођеног. (Бурно одобравање). Хришћани су своју веру изгубили: Богу окренули леђа; Христу окренули леђа. Учинио сам да сумњају у све и свашта. Пресекао сам везу сваког народа са сопственом историјом: гракћу народи као ждралови у јесењој магли, као расејана стада оваца и лутају тамо амо."

"Много сам дакле успео. Али то све није довољно. Још стоје њихове народне државе. Какве да су, тек стоје. Сутра, одједном, као кад се кроз гомилу растурених триња од гвожђа, превуче магнет, па се триње дотле расуто без икаква реда и смисла одједном окрене и среди у једном правцу - тако могу и народи разбијени, раздругани и атомизирани ако им народне државе оставимо, да се прену, стану на своје ноге и отму се с распућа. Сутра -све док постоје њихове народне државе - могу хришћански народи и остали да одбаце разне интернационалне појмове које сам им наместо њихових исконских појмова убацио, да их одбаце као старо непотребно рухо - да се врате свом народном духу, да тако од лажних националних направе своју народну државу, те да ова одговара њиховој народној потреби. И онда, шта ће бити с тобом Израиљу!"

Тако Израиљ мисли.

Нема мира Израиљу све дотле док се последњи чин људске драме не одигра, док се у овако расутом друштву европских хришћанских држава не појави још један огроман рат, не појави велики светски сукоб, у коме ће крваве жртве, муке и болови на крају крајева да збришу последње везе, да једнога дана сви народи одбаце и последње обзире према свом сопственом дому, омрзну на своје устројство, да својим рукама - што рекао један стари француски песник - своју сопствену утробу раздеру. Кад тај дан буде дошао, кад се направи лом и хаос у целом свету, кад се направи та велика светска револуција која треба да дође после таквог огромног светског рата, онда ће пући она зора коју Израиљ чека, онда ће уморни, окрвављени и измрцварени народи рећи: Пусти ме! Зора је! (Бурно пљескање).

И чини ми се да Израиљ успева! Ето, не само да је треће звонце одзвонило, већ је завеса дигнута и ми на позорници гледамо како су хришћански народи у хришћанској Европи скочили као крвни непријатељи једни на друге. Упали у рат, и што је најгоре, уверени да до рата неће доћи!

До последњег часа Француска и Енглеска су говориле: Хитлер блефира! До последњег часа је Хитлер говорио: Енглеска и Француска блефирају! Нажалост, није блефирала ни једна ни друга страна. Упали су у рат!

Једини који је знао да то није блеф, једини који је знао да се иде рату, да рат треба да дође, био је Редитељ! (Бурно одобравање и аплауз).

Да видимо да је то баш његово дело јер ја ово говорим и као да чујем да неко међу вама мисли, а из његових мисли као да гласно питање долази: То је само једна велика претпоставка! Где су вам докази за то? И затим претпоставка лишена сваке вероватноће. Ви Израиља правите бићем које стално има исту мисао, које увек логично иде за том мишљу, које стално одбацује сва средства која томе циљу не воде и бира друга која томе циљу воде. И ако би то било, онда би требало да Израиљ има организацију, а ја ту организацију не видим. А затим - требало би да има вођство, а тога вођства нема!

Да, тај разлог који сам сада гласно место вас поменуо, тај разлог је један од главних узрока што су хришћани увек били преварени од Израиља! Они су тражили да виде отворену игру: Где је - питају -отворена организација? Где је јавно вођство јеврејско? - Ваша примедба није тешка за мене, али ви много тражите од Јевреја. Ви заборављате да они не могу као други народи да покажу отворене карте, јер не живе као други народи. (Одобравање). Јевреји морају да играју са скривеним картама јер им је суђено да буду с маском на лицу, као праоцу Јакову с јарећим кожицама на врату и рукама.

Ви велите: То је само претпоставка! Признајем! Претпоставка! Али ако за ту претпоставку која - разуме се - није само моја, ако за ту претпоставку стоји читав низ чињеница које је потврђују, онда то није више само претпоставка.

Ако се изврши неко убиство, кривац се не зна, онда иследници праве претпоставке, праве једну претпоставку, пођу тим путем, па се врате. Није то! Праве другу претпоставку, пођу другим путем, па се врате. Није ни то! Али кад направе трећу претпоставку, па се та претпоставка слаже с ислеђеним околностима - како се то у суду каже -као да је неко све ствари наместио да баш оној трећој претпоставци одговарају. Кад се тако та претпоставка поклопи с ислеђеним околностима, онда иследници, а доцније и суд стекну убеђење да је тај који одговара за то дело, а кога је иследна власт извела пред суд, да је тај дело и учинио.

Тако и овде! Признајем: претпоставка, али ако та претпоставка одговара чињеницама и то читавом низу чињеница, онда је та претпоставка доказана њима, онда није више само проста претпоставка. Она је постала извесност, благодарећи подршци материјалних чињеница које је собом држе.

Ако ја за ову претпоставку имам читав низ чињеница, ако последњих 150 година историја човечанства - да не идемо даље - показује да су остали народи падали, а јеврејски у своме утицају растао, онда, богами, морам да закључим да је тих 150 година историје човечанства било 150 година рашћења јеврејског и опадања осталих европских народа.

Ако ја уђем дубље у ствари и видим да су Јевреји расли благодарећи својим конзервативним традиционалним принципима, а не оним револуционалним, атеистичким, демократским, које су ширили међу остале нејеврејске народе, онда морам доћи до закључка да су Јевреји народ који игра дволичну улогу. Народ који има једне теорије за себе, а друге за остали свет.

Ако на крају крајева сваки рат за последњих 150 година, а довољно их је било; ако сваки рат доноси успон Јевреја, ако свака револуција доноси рашћење њиховог утицаја, онда морам доћи до закључка - сасвим логичног и сасвим природног - да је сваки рат и свака револуција на штету европских хришћанских народа, а на корист јеврејског народа.

И ако се сад појави једна књига, која цео план јеврејског рада изнесе и та књига дође, рецимо 1902. године, и као дело јеврејског плана износи догађаје који ће се догодити доцније, онда упркос тога пгго ће Јевреји да вичу да је то "фалсификат", ја морам да закључим да тај "фалсификат" предсказује будућност на чудноват начин, да је та књига управо открила њихове планове. А што они тој књизи поричу важност и аутентичност, то је зато што та књига открива њихове карте које су они хтели да за остали свет остану скривене.

Према томе када све то заједно посматрамо, онда не можемо казати да је то све претпоставка. А што ви не видите организацију и вођство јеврејско, опростите, али сте јако наивни, ако тражите да вам и то Јевреји покажу. Они нас не сматрају толико глупим да нам покажу вођство и организацију и да се тек онда Хришћани пробуде и виде откуда им прети опасност. (Бурно одобравање).

Зар ви хоћете да кажете да сваки Јеврејин зна ову драму?

Не! План ове драме нити може, нити мора бити потпуно познат сваком Јеврејину - као што сваки Енглез не зна политику Велике Британије, али се труди да је сазна и да јој користи колико и како може.

Неко ће на ово приметити: Па ви сте направили Јевреје свемоћним. А јесу ли они створили Хитлера и Стаљина, Чемберлена, Лојд Џорца, Клемансоа и Вилсона? Али, зар сам ја игде то рекао. Не, они их нису створили. Али они у драми чије извођење режирају, дају свакоме погодну улогу, и то тако умешно да је и један Хитлер, за кога смо веровали да је сасвим добро продро у планове јеврејске, одиграва врло добро, ако и несвесно, онако како Израиљу треба.

II ПРЕДИГРА

Али да би видели механизам те драме, морамо да се вратимо мало уназад.

Нећу да улазим у питање ко је крив за Светски рат 1914. године Имам ту своје мишљење, али то није потребно за наше вечерашње предавање. Они који су победили, тражили су претходно да се утврди да је за светски рат крива Немачка. Рецимо да је тако: крива је Немачка! Сад замислите ви један форум који треба да диктира мир Немачкој, земљи нарочитог квалитета, опасној по европски поредак: земљи која је у стању да уради тако велики злочин, да изазове светски рат. Замислите тај форум који треба да прави мир, да га диктира тако опасној, а побеђеној држави.

Видим три могућа става који би диктатори морали да имају, ако слушају памет и имају интерес својих народа у виду.

Један је: Огласили смо је за криву, али нећемо да је озлоједимо; нећемо да је увредимо, нећемо да је направимо очајном јер је Немачка страшна! Ако је направимо очајном, биће чуда! Дакле, прва могућност то је: победили смо је, али хоћемо да се прама њој понашамо витешки, да изозовемо код ње осећај човечности, да извршимо код ње, ако је могуће, оно што се зове: кантацио беневоленце, да јој се умилимо, да друга пут не буде таква каква је била 1914. год., да је сећање на витешку човечност заустави и застиди.

То би био један начин. Ако је Немачка тако опасна, као што је представљају, онда је то слаб начин да се одржи мир. Али дозвољавам и ту могућност. И таква политика имала би смисла.

Други начин то је да се каже: Немачка је опасна, морамо је направити слабом, тако слабом да више никад не помисли да пође у рат.

И трећи начин који не иде паралелно с овим првим ни другим, то је: мада и победници, морамо свакако бити јаки и прејаки јер је Немачка опасна држава, а њен народ опасан народ!

Од те три могућности Версајски диктатори нису узели ни прву, ни другу, ни трећу!

Они нису Немачку увредили, они су је озлоједили, они су је понизили. Свим могућим начинима којим се код човека може; бес или очајање да породи ишли су Версајски диктатори затим да код Немачке бес и очајање изазову.

Било је у Версајским одредбама о примирју и миру понижавајућих, а ако хоћете и непотребних и смешних одредаба, али ни једну одредбу нису хтели диктатори Немачкој да опросте. Све су то унели да чаша горчине, беса и очајања - за један тако поносит народ као што је немачки - буде препуна!

Разумем; нису хтели по првом обрасцу да је штеде; значи казали су: Сад сам те победио и сад ћу да ти дам да све капи горчине попијеш! Разумем то - можда то не бих радио - али разумем и то!

Али да видите шта су даље радили. Тако разјарену Немачку они нису везали ланцима, већ паучином. (Бурно одобравање). А себе, победнике, који су тако разјарили Немачку, себе раслабили! (Бурно одобравање).

И сад, госпође и господо, питате ме да ли су били глупаци који су правили Версајски мир? Нису глупаци! били су то зрели људи. Људи који имају животно искуство, који имају високу интелигенцију. И видите како су радили! (Смех) Смејете им се? Кад би ствар била за смејање и ја бих се морао смејати!

Тако је закључен Версајски мир! Прво су озлоједили онога, кога су прогласили за звера. Сва могућа понижења која могу да утичу на психу народа тако поносног, дисциплинованог и пожртвованог; сва понижења која ће га нагнати да се спреми за нове борбе - све могуће су спремили и метнули унутра да никада немачки народ не заборави Версајски диктат.

С друге стране, кад је дошло до окивања, оковили су га паучином. А кад је требало да победници буду јаки, раслабише се. И то не случајно. Дат је такав тон: Раслабљујемо се: Доле снага! Живела слабост!

Мислите да се шалим, да је ово само карикатура. Није господо ово карикатура! То је шема из које је изишла наша драма. То је предигра ове драме.

И то не случајно. То је режисер - Израиљ, спремио. Спремио је сав бес немачког народа, везао га паучином, односно спречавао да се веже боље и раслабио победника да би дошло до новог европског рата. (Одобравање).

Јер ако не дође европски рат, нема револуције! Ако нема револуције, онда нема ни оне зоре што је Израиљ чека! зато, по мишљењу његовом, треба Немце - велики, силан и поносит народ - разјарити, не поштедити ништа што бес и јарост Немачке може изазвати! Јер Немачка мора бити она динамична, убојна снага што ће почетни удар целом садашњем систему дати.

С друге стране, све гаранције Версајског уговора морају бити паучина. Само приче. Лук и вода! Тако да чим Немцима буду отворене очи, сутра дан после потписа, погледају и виде: ''Па, ово нису никакви окови! Ово је сенка од окова! Овако ће конац по конац отићи цела паучина и једнога дана ја, моћни и горди немачки народ, поправићу се и тада тешко ономе који се усудио да оваква понижења учини!''

С треће стране Енглези, Французи и остали: разједињени раслабљени! Није то моја прича о њиховој раслабљености. То је била код њих званична парола: Хвала Богу, нема рата! Зашто? Зато што имамо потврђен уговор. (Смех). Немци су га потписали, а ми ударили печат! (Бурно одобравање). И нема више рата! Ако се Немци усуде имамо суд! (Буран смех и аплауз). Где иду уговори? На суд! Кад једна страна покуша да окрњи уговор, суд дође и натера криву странку на извињење. (Смех).

И ја бих се смејао, кад не бих говорио о Драми савременог човечанства!

Немам потребе да вам нзлажем све понижавајуће детаље Версајског мира по Немачку. Свако од вас који хоће да то сазна, ако већ не зна или се не сећа, наћи ће их у ма којој публикацији тог времена или у онима које говоре о том времену. Довољно ће бити да вам кажем да је Немачка морала да преда савезницима све своје многобројно оружје (само 30.000 топова), сву своју флоту, све своје индустријске тајне.

Немачкој је било забрањено да има војску, флоту и авијацију. Немачкој је наметнута обавеза да плати штету чији износ није утврђен. А све је то Немачка имала потписати без речи, без дискусије, без цењкања, без разговора: доћи, потписати и поклонити се. И то у оној истој дворани огледала у Версају у којој је 1871, после победоносног рата Пруско-Француског, проглашено Немачко царство.

А кад се тако понижена и увређена и озлојеђена Немачка учини слабом, онда Јевреји и пријатељи и агенти њихови, све учинише да се створе предуслови за немачко јединство, отераше преко двадесет немачких династија које су дотле владале немачким савезним државама и тако омогућише стварање јединственог, препотентног Немачког Трећег Рајха. А место реалних јемстава да Немачка остане мирна, створише Јевреји и њихови агенти Друштво народа, као суд, ''који није имао ни толико снаге да натера Немачку да на позив дође, или да је нагна да из Друштва не изиђе и не залупи за собом врата с треском.'' И све обавезе које је Немачка уговором морала узети на себе, беху као конци паучине једна по једна тако покидане, јер рука Јевреја и њихових агената, свакад кад би дошла до тога да се према Немачкој предузму истинске гаранције, била је увек ту да то спречи, не из љубави према Немцима, већ ради извршења свога пакленог плана.

Али најбоље се паклени план Јевреја види у последњем ставу: у раслабљивању победника и диктарора Версајског мира.

Они су увукли Америку у рат. Они довели Вилсона, свог експонента, да победу савезника помогне, да омогући разјаривање побеђене Немачке, али и да спречи свако њено уништење, да донесе Друштво народа, фасаду брбљиву у чијем ће заклону драма да се припрема, као што у инкубатору зачетак пилета расте. А после су Америку повукли из игре.

Они су разединили Велику Британију и Француску, а ове од Италије. Свој огромни непосредни и нарочито посредни утицај, употребили су сутрадан у Великој Британија и у Француској да ове две силе удаље једну од друге. А затим свом снагом деловали да обе ове земље заузму понижавајући став према Италији и то у најкритичније време 1935-36. године.

Они се бацише на раслабљивање Велике Британије и нарочито Француске. Ово последње је управо опипљиво њихово дело и заслужује да детаљније буде изложено.

Ко је био главни агент дефетизма у Француској, ако не Јевреји. Зар нису они и њихови агенти били носиоци нападаја на сваки покушај националне реакције и националног подизања Француске? Зар није под њиховим непосредним руководством, преко Леона Блума, уз помоћ јеврејско-комунистичке творевине народног фронта Француска економски, политички и војнички скрхана? Зар није Жан Изаје Зеј, Јеврејин, као министар националног васпитања убијао француску националну мисао у настави?

Зар није под његовим министровањем конгрес учитељског синдиката, две и по године после доласка Хитлера на власт, у Нансију, августа 1935, донео ону фамозну резолуцију: да је главна дужност француског учитељства да ради на моралном разоружавању Француске - да фракцуски учитељ не сме чекати да други народи отпочну са својим разоружавањем, да се одмах мора отпочети (баш сад кад поново поче лудило наоружања) са разоружавањем Француске? Зар се на том конгресу не заори омириски смех француских учитеља као одговор на питања једног свог колеге: ''Да чиме ћемо дочекати Хитлера ако нас сутра нападне?'' Насмејаше се учитељи и одговорише: ''Лецима ћемо му војску засути!''

Зар није септембарска чехословачка криза 1938. дошла после две године владе Леона Блума - (у којој је од 90 чланова министарске екипе - министри, државни подсекретари, шефови кабинета и начелници општих одељења - било четрдесет Јевреја, четрдесет масона, дакле познатих пријатеља Јевреја, а само је десет Француза нејевреја и немасона) - довело Француску у тај положај да на 5.000 немачких првокласних борбених авиона има само 50 својих, да на 800 авиона месечне немачке продукције, њене творнице раде једва десети део тог броја авиона за њену војску? Зар није Француска под том владом дошла пред праг грађанског рата? Зар није та влада успела да Французе баци једне на друге, док су Јевреји у истини постали господари судбине те велике нације?

И док је народни фронт Француске с времена на време приређивао хучне поворке својих присталица, што су уздигнутих песница, под црвеном заставом, под вођством Јевреја, викали: ''Доле Хитлер!'', Хитлер је кидао последње везе које су везивале Немачку, баш благодарећи тој влади Француске: успостављао војску, општу војну обавезу, заузимао демилитаризоване крајеве Рајне и припремао Немачку за снажан скок на Аустрију, Чехословачку и Пољску.

Зар нису Јевреји бацили Мусолинија у наручја Хитлеру? Зар није то учинила она скупштина Француске у којој је главну реч водио Јеврејин Леон Блум, оборивши Лавала који је с Мусолинијем био направио споразум.

Зар није тај исти Блум, са својом јеврејско-масонском екипом, баш у време кад је било очигледно да се Немачка снажи и припрема за дефинитивне скокове, спремао Француској фронт на Пиринејима и фронт на Алпима, поред фронта на Рајни?

Али није само овде јеврејско дело разарања опипљиво. Случај Русије је далеко речитији за нашу тезу.

1917. г. фебруара пао је царистички режим. Привремена влада међу првима примила је телеграм америчког банкара Јакоба Шифа, једног од вођа међународног јеврејства! (Тај Шиф је оно лице што је 1905. г. грофу Витеу у Портсмуту рекао: ''Ако цар неће да да слободу коју Јевреји траже, онда ће та права бити добијена.''). На ту депешу одговорио је одмах и снисходљиво П. Миљуков, министар иностраних дела Привремене владе. У тој депеши он, између осталога, вели:

''Дозволите ми да будем с Вама у заједници ради ширења нових идеја једнакости, слободе и слоге међу народима.'' Ове речи не би биле разумљиве, да је Шиф био само банкар. Али Шиф је установио на Колумбиа универзитету прву катедру социјалне економије, која је имала за задатак не само да се бави питањем људског освајања земље, не само организацијом индустрије већ и духовним вођством човечанских послова. И ова молба Миљукова, да му Шиф дозволи да буду у заједници идеја, показује да је Миљуков добро знао идеје Шифове и његово значење у међународном Јеврејству, и преко овога у свету.

Улога Јакоба Шифа у борби против Русије није почела са том депешом. Као председник јеврејског америчког комитета и као председник независног јеврејско-масонског реда Б'наи Б'рит, Јакоб Шпф је 15. II 1911. објавио рат председнику Сев. Амер. држава Тафту; не хтевши да прими чак ни пружену руку Председникову у Белој кући, зато што овај није хтео да прими захтев америчких Јевреја да се трговински уговор закључен с Русијом 1832. г. раскине, јер Русија није хтела да у своју земљу прими натраг Јевреје који су се враћали као амерички поданици. Председниково гледиште је било јасно и одређено: Русија је у праву да у своју земљу пусти кога хоће, исто тако као што ради и Америка. И одмах сутрадан већина америчких листова предузела је оштар напад против Тафта, а огромна издавачка предузећа засула су земљу брошурама против Русије. Резултат је био поразан за Тафта, јер су оба Дома америчког конгреса, десет месеци по објави рата од стране Јакоба Шифа, позвали Тафта да обавести Русију да је трговачки уговор с њом раскинут. Овде је Шиф дакле успео да две владе: руску и америчку порази а то само за 10 месеци истрајне борбе.

И пошто је Тафт званично раскинуо уговор с Русијом, идуће 1912. г. једна делегација представника реда Б'наи Б'рит дошла је у Белу кућу и ставила на прса председника Тафта медаљу која му је давала право на титулу "човек који је прошле године највише допринео благостању Јеврејства."

У лето 1916. г. из Њујорка руска војна обавештајна служба добила је поверљив извештај следеће садржине:

"Прва седница руске револуционе стране одржана је у понедељак, 14. II у источном крају Њујорка. Било је присутно 62 делегата, од којих је 50 било ветерана из револуције 1905, а остали су били нови чланови. Већина су били Јевреји и углавном интелектуалци... Дебата је била упућена у правцу испитивања средстава и могућности за извођење велике револуције у Русија, пошто је тренутак врло повољан... Једина озбиљна препрека је питање новца, али чим је ово питање било постављено, седница је била обавештена да то не сме давати повода никаквом оклевању, јер чим то буде потребно, знатне своте ће бити дате од личности које симпатишу покрет за ослобођење руског народа. Тим поводом име Јакоба Шифа било је више пута поменуто."

Један мемоар који се односи на бољшевизам и Јеврејство, а који је високи комесар Француске републике упутио обавештајном одељењу Генералштаба Француске војске даје интересантне податке (документат 7-618-6). Овај је документат био објављен у листу ''У Москву'' који је излазио у Ростову на Дону 1919. г. за владавине белих трупа, а објављен је у листу ''Стара Француска'', где се за овај мемоар вели да га је обавештајна служба америчка доставила свима савезничким обавештајним службама. Тај мемоар износи:

I. Чује се да се у фебруару 1916. г. спрема револуција у Русији. Ове личности и установе су у том делу узеле учешћа:

1) Јакоб Шиф.

2) Банка Кун, Леб и Комп. (управа: Јакоб Шиф, Феликс Варбург,

Ото Кан, Моример Шиф, Серли Хакауер).

3) Хугенхајн.

4) Макс Брајтунг.

У априлу 1917. Јакоб Шиф је јавно- изјавно да је револуција избила благодарећи новчаној помоћи коју је он дао.

II. У пролеће 1917. Јакоб Шиф почео је да новчано помаже Троцког (право име Бронштајн, Јеврејин) ради подизања социјалне револуције у Русији.

Троцки је поред тога примао помоћ и од Макса Варбурга из Хамбурга, од јеврејског великог предузећа Вестфалско-Рајнског Синдиката, као и од Јеврејина Олафа Ашберга из Штоклолмске Нај Банкен.

III. У октобру 1917. остварена је бољшевичка револуција, благодарећи којој су Совјети узели управу над руским народом. У Совјетима су се следећа лица нарочито истицала:

Псеудоним	Право име	Народност
Лељин	Уљанов	Рус
Троцки	Бронштајн	Јеврејин
Стеклов	Нахамкес	Јеврејин
Мартов	Зедербаун	Јеврејин

Зиновјев	Апфелбаум	Јеврејин
Рамењев	Розенфелд	Јеврејин
Суханов	Гимел	Јеврејин
Сагерски	Крохмал	Јеврејин
Борбанов	Силберштајн	Јеврејин
Урицки	Радомислски	Јеврејин
Ларин	Лурио	Јеврејин
Камнов	Рап	Јеврејин
Генетски	Фиретенберг	Јеврејин
Дан	Гуревић	Јеврејин
Мешковски	Голдберг	Јеврејин
Мартинов	Зибар	Јеврејин
Парвус	Хелфанд	Јеврејин
Рзјанов	Голденбах	Јеврејин
Черноморски	Черномордик	Јеврејин
Солнцев	Блајхман	Јеврејин
Пјатницки	Зивин	Јеврејин
Абрамовић	Рајн	Јеврејин
Звездин	Војнштајн	Јеврејин
Маклаковски	Розенблум	Јеврејин
Борбов	Натанзон	Јеврејин
Акселрод	Ортодокс	Јеврејин
Гарин	Гарфелд	Јеврејин
Глазунов	Шулце	Јеврејин
Јофе	Јофе	Јеврејин
Липински	Левенштајн	Јеврејин

IV. Међу интимним пријатељима Јакоба Шифа налази се и рабин Јуда Магнес. Он је проповедник међународног Јудејства и о њему се мисли да је пророк. Почетком 1917. овај пророк кзјавио је да је бољшевик. Шиф га је због тога јавно укорио, али је и даље остао с њим у тесном додиру и пријатељству.

V. С друге стране тај исти Јуда Магнес, потпомогнут од Јакоба Шифа, као директор светске сколистичке организације Паол, има за циљ да успостави интернационалну супрематију јеврејске радничке странке.

VI. Неколико недеља пре избила је социјалистичка револуција у Немачкој: аутоматски је политичку управу над револуцијом узела Јеврејка Роза Луксембург, а један од главних вођа међународног бољшевичког покрета је Јеврејин Хлазе.

VII. Ако запамтимо да је јеврејска банка Кун, *Лобл* и Комп. у вези са јеврејском фирмом, Рајнско-вестфалски синдикат, и јеврејском банком браћа Лазар у Паризу, као и са банкарском кућом Гинцбург (Петроград, Токио и Париз), ако поред тога запазимо да су све ове јеврејске куће у тесним везама са јеврејском кућом, Спајер и Комп. (Лондон, Њујорк и Франкфурт на Мајни), као и са Нај Банкен (јеврејско-бољшевичком кућом у Штокхолму) излази да је бољшевички покрет у извесној мери израз општег јеврејског покрета и да су ове банке заинтересоване у његовој организацији.''

(Сва ова документа објављена су у књизи генерала Нечволодова: ''Цар Никола и Јевреји'').

Сасвим је нетачно закључити да је међународно Јеврејство заснивало бољшевички режим у Русији ради непосредне јеврејске експлоатације руске земље и руског народа. Ма колико биле велике непосредне користи које би та непосредна економска експлоатација руске земље и руског народа донела, међународно Јеврејство је није хтело. Оно је револуцијом успело да створу тврђаву светске револуције, кроз коју ће и помоћу које ће међународно Јеврејство доћи до остварења свог више него педесетвековног сна о владавини над целом земљом и свим народима, обарањем свију посебних националних држава, убијањем свију других религија, стварањем једне светске државе, којом нико други владати не може већ једини међународни, свуда међу народима растурени народ, коме ће се сва племена поклонити и сви народи служити и благословити га као победника.

Отуда међународно Јеврејство није ни имало за задатак да привредно експлоатише руску земљу и руски народ после револуције, већ да Совјетијом, као државном организацијом јудео-марксистичке мисли и Коминтерном, као међународном организацијом те исте мисли, тако управља да ова раслабљује све националне, а нарочито хришћанске државе с једне стране, а с друге да гура свет ка новом светском сукобу, а да се припрема кад овај сукоб дође и ратујуће стране буду довољно изморене и измрцварене за своју дефинитивну војничку улогу и победу. Сви Јевреји који су учествовали у руској револуцији имали су само тај циљ. - И њихово присуство у Совјетији је само у тој мери потребно да она не би скренула некако од оног циља који јој је Израиљ поставио.

При томе је цепање Троцког од Стаљина и оптужба Троцког да је Стаљин издао револуцију, само маска Израиљева, намењена хришћанима. Треба хришћане преварити како је бољшевизам еволуирао, како више није то онај први бољшевизам.дивљи, крволочни; већ други, припитомљени, који само из формалних разлога не може да се одрекне заблуда бољшевичких, па се само још имена држи, а у ствари је сасвим од њега далеко. Зато долазе оптужбе Троцког, који је случајно Јеврејин - на издајника Стаљина. Уствари та је оптужба бацање песка у очи јер Стаљин, као што ћемо видети даље, води ствари светској револуцији, послушан плану Израиљевом.

Није дакле, револуција 1917. г. била ослобођење Русије, устанак подјармљеног руског народа, већ завојевање Русије и поробљавање руског народа од стране једне мисли стране руском народном духу, његовој историји и његовој традицији; мисли поникле из јеврејског семена, одрасле на ђубришту запада, а убачене у пломбираним вагонима, кроз непријатељску земљу усред рата, у Русију да ову, у једном тренутку нарочите слабости, завојује и подјарми.

При оцени питања о природи Совјетије, овај историјски моменат завојевања Русије и поробљавања руског народа освајањем из иностранства од стране представника јудео-комунистичке мисли, пропуштених усред рата кроз Немачку у пломбираним вагонима, намерно се изоставља. Јер одиста није свеједно да ли је револуција дело руског народа или иностранства: у првоме случају ради се о ослобођењу, у другом о завојевању. Теза јудео-марксистичка и легиона њихових пријатеља јесте да је Русија револуцијом ослобођена.

Историјске чињенаце утврђују, напротив, да је освојена од шаке смелих јеврејско-марксистичких авантуриста - пропуштених у рату кроз непријатељску земљу, а новчано обилно потпомогнутих од стране Јевреја.

Али не само овај моменат: поход из иностранства и мали број бољшевика, већ и нарочито дух саме бољшевичко-марксистичке мисли показује да њена револуција није ослобођење Русије и руског народа, већ завојевање и поробљавање.

Каква је то мисао марксистичка која се убацује у Русију? Одговара ли њен дух духу руског народа, његовој традицији, његовој историји и његовим тежњама?

Јеврејин Карло Мадрохај-Маркс написао је критику капитализма и тиме поставио основу данашњег социјализма и бољшевизма.

Социјализам је постојао и пре Маркса. Али није био покретан од Јевреја. Отуда ваљда и његов неуспех. Јевреји су - иако највећи корисници капитализма - видели да је питање њихових политичко-месијанских циљева везано баш за успех социјализма. Јер се социјализам показује као моћно оруђе за цепање несемитских народа, за рушење њихових националних држава, за борбу против хришћанске Европе, за остварење јеврејске политичке владавине у свету. Отуда и успех Марксов и успех социјализма.

Три су главне мисли на којима почива економски део марксизма, које га управо омогућују и чине погодним оруђем ових јеврејских светских планова. О самом економском делу марксизма нећу вечерас говорити, јер нам то и није предмет, већ о оним филозофским поставкама, о оном схватању света на којима је марксизам саздан, због којих је саздан и које су му дале ону страсну динамику.

Прва мисао је атеизам. Нема Бога! Људи узалуд подижу очи небу. Оно је глуво, немо и пусто. Никога тамо нема. И не само тамо горе, изнад глава њихових, већ нигде. Према томе, луда су и глупа и сва остала веровања која извиру из вере у Бога и празне све наде што су за ту веру везане.

Друга мисао је материјализам. Нема духа! Све је само материја, па и сам дух је само психичка манифестација материјалног и само материјални услови људског живота успављују и покрећу историју људску. Само је материјално главно и битно у животу народа и држава, а морално, специјално духовно, споредно. Тзв. морално и духовно је надрадња економског. Оно је главно и основно, а морално и духовно се надграђује над основом и зависи од ње.

Трећа мисао је класна борба. Није народ један састављен од браће, већ од самих крвних непријатеља, распоређених углавном у две класе које су у сталној и непрекидној борби! Историја једног народа према томе није историја везаних у једну судбинску и културну заједницу осећањем пониклим из заједнице порекла или живота - већ историја уклупчаних крвних непријатеља, што се гризу, ујдају, раскидају и уништавају у међусобној бесомучној борби.

Те три мисли чине философију Марксизма. Оне на себи носе печат јеврејског генија и притворног му менталитета.

Остављајући на страну очигледни контраст да се народ који је највећи корисник капитализма, који је за 150 година, од како се дочепао ''политичке слободе и равноправности'', успео да стави руке и да узме под своју управу највећи део банака, индустрије и трговине, руда и саобраћаја човечанског, јавља се сад као критичар, рушилац и организатор рушења тог истог поретка, контраст који би требао да буде опомена свима да врло опрезно примају јеврејске реформаторе. Обазрећу се на толико пута истицану чињеницу да ова јеврејско-марксистичка мисао не одговара јеврејском духу, а одговара његовом дволичном карактеру и менталитету. Сами судите!

Маркс је Јеврејин - син јеврејског народа који не може да се одрекне своје вере у Бога. Цела историја његова је на тој вери саздана, вери којој су и данас у главним линијама, чврсто привржени. Толико је вера у Бога везана за Јеврејство, да не верујем да има иједног Јеврејина правог и искреног атеисте.

Јевреји верују да дух руководи и покреће историју. Цела њихова историја је доказ за то. Све што су радили радили су, и кроз материјално немогуће услове пролазили, јер их је покретала месијанска идеја да су они народ изабрани од Бога коме је дато да влада свим народима. Али тако они верују кад су у питању они сами, јер таква мисао снажи и одржава народ. За хришћанске и остале народе они су у основу нове масовне социјалне и социјалистичке мисли ставили материјалистичко схватање историје - мисао сасвим супротну оној која важи за Јевреје.

Јевреји су више него народ: они су породица огромна. Нигде солидарност није тако дубоко везала чланове једног народа једне за друге, као што је случај код Јевреја. Тако Јевреји раде кад су они као народ у питању, јер таква мисао о солидарности и повезаности дубокој и судбинској, о братству крвном, храни и брани и снажи један народ. Зато су Јевреји у основу нове масовне, социјалне и социјалистичке мисли ставили класну борбу, место солидарности, да се нејевреји међу собом гложе и крве.

Да ли та марксистичка мисао одговара духу руског народа? Да ли безбоштво, материјализам и класна борба одговара руском народу? Јесу ли то његове мисли које је стари руски режим притискивао и гањао, а оне гањане успеле да револуцијом ослободе себе и руски народ?

Одговор је негативан. Руски народ нема ни атеизам, ни материјализам, нити класну борбу за своју рођену мисао. То су туђе, стране мисли његовој природи, убачене са стране, освојиле његову земљу и поробиле њега и све што је његово.

Али може неко да сумња у то. Отуда таквим предлажем да изврше такозвану интроспекцију, нека по души свога народа суде о руском народу. Нека затим одговоре да ли нашем народу одговара атеизам, метаријализам и класна борба.

Кад говорим о народу, о његовом духу, ја не мислим на оне који су кроз школе прошли, нити на једно поколење, већ на колективну психу народа што се кроз народне умотворине током векова изражавала.

Може ли наш народ схватити Васељену без Бога? Никад и нигде се он није могао с таквом мишљу помирити. И у време кад хришћанство није био примио, он је веровао да Васељена мора имати домаћина који чува и одржава свет од уљеза и отимача, било да су ови нека зла божанства, било да су зли људи.

Може ли народ схватити материјализам и његову предоминацију у историји? Никад и нигде се народ наш није могао с таквом мишљу помирити. А ''Устанак на дахије'' -

који речима, што их слепи народнн гуслар као у камен уреза - најбоље показује народно схватање историјских процеса.

Како долази до народног устанка?

Четири чиниоца се налазе једно према другом: два која су против Устанка и два која хоће Устанак.

> ''Кад се шћаше по земљи Србији;
> по Србији земљи да преврне,
> И да друга настане судија, -
> Ту Кнезови нису ради кавзи,
> Нит су ради Турци изјелице, -
> Ал је рада сиротиња раја,
> Која глоба давати не може,
> Ни трпети турскога зулума.
> И ради су Божји угодници,
> Јер је крвца из земље проврела:
> Земан дође ваља војевати
> За Крст часни и слободу златну
> Сваки своје да покају старе.''

Она два за устакак су материјални (раја), духовни принципи (Божји угодници). И духовни принцип покреће прилике.

> ''Не бил' с' Србљи на оружје дигли
> Ал се Срби дигнут не смедоше.''

Не смедоше. јер раја без вођства, без главе не диже устанке, не ствара историју. Треба прилике да узбуде ''Турке биоградце'' да они поверују у могућност устанка, да почну убијати кнежеве, да ови виде да ће и без устанка изгубити главе, те да тако рајино расположење за кавгом добије своје органско вођство, да народ добије главу - и да дође Устанак.

Ова народна песма показује дубоко, присно народно веровање да је у историјским збивањима духовно надмоћније од материјалног, а не обратно, као што су Јевреји, преко Маркса, убацили у хришћански свет.

Да ли је класна борба позната нашем народу, окатом и Богом надахнутим? Јер ако је класна борба закон људског живота, онда је тај окати народ њу морао видети а о њој морао говорити: А он о њој нигде не говори као нормалној животној појави. Напротив, кад у својим народним песмама описује своју властелу, он ужива у њеном богатству, у њеној красоти, он се поноси њеном снагом, њеном храброшћу, њеном мудрошћу. Само на једном месту он бесни на своју властелу:

''Великаши, проклете вам душе''

Само на једном месту их тако проклиње, кад се та владајућа класа међу собом посвађа и закрви, те та међусобна свађа поцепа царство.

Кад би народ видео класну борбу, он би мрзео своју властелу -а трљао би руке и радовао би се кад би видео да се та владајућа класа међу собом покрвила. Јер ако је та владајућа класа његов непријатељ, онда је међусобна неслога и борба те владајуће класе његова срећа и благостање.

Не одговара нашем народном духу, дакле, ни атеизам ни материјализам, ни класна борба. Не може, дакле, одговарати ни духу, ни природи, ни историји рускога народа атеизам, материјализам и класна борба.

На тај начин смо доказали не само да је историјски руска револуција дошла из иностранства, пропуштањем непријатеља и новцем и организацијом јеврејском, већ да сама та мисао, што је револуцијом дошла до власти, по природи својој не одговара духу руског народа. То је Совјетија. То није Русија.

Многи, разуме се, то замерају. Хтели би да ја и даље после 1917. г., не зовем Русију Совјетијом. А ја не могу. Из три главна разлога:

Први је: што се она сама тако не зове. Не знам што је гонило Стаљина и његово друштво да своју творевину прозову СССР (Савез совјетских социјалистичких република) - да од четира речи нема ниједне једине која означава какву географску или националну стварност. Али неки разлог су имали за то. А у цивилизованом друштву је ред да људи зову трећега онако како се он сам зове, а не другим неким именом. Обично људи сматрају увредом кад их неко зове онако како се сами не зову.

Други је: што су Русија и руски народ заробљени туђом мишљу и туђом организацијом - као што смо напред навели. А неко вели: Нека је и тако! Имате право. Али тамо на северу је велика руска земља и велики руски народ. Ту земљу морам звати Русијом.

Одговорићу овом причом. Она је мој трећи и последњи разлог: Био неки Јован. Имао плац и децу, кућу и радњу, пољска имања и стоку. Али погине. Убије га Стојан. Узме жену, децу, кућу, радњу, имање и стоку. И Стојан се намести удобно тамо где је био Јован. За мене је јасно да је тај нови господар ипак само Стојан, иако држи и Јованову жену и децу, и кући и имање, и радњу и стоку. И зато га зовем Стојаном, а имање и децу и стоку, па и жену Јовановим. И никако не могу то да побркам, ни да заборавим. Такав ми је обичај. И није рђав: мислим да је и код вас такав... (Бурно одобравање. Повици: Тако је!). Али мора међу вама бити људи које све ово није убедило и који мисле: ово упоређење рамље. Није сад тамо отимач и убица Стојан, него је земља руска и народ руски нашао прави облик свог државног и народног уређења, своју срећу и своју снагу: расцветала се руска земља и распевала се руска снага сада и дрхће стари свет од ње.

Да видимо да ли је тако! Ми тражимо истину, а она је мени увек драга, ма каква била. Да видимо дакле, да ли је тако.

Разговарао сам пре неки дан с младим човеком који је из љубави према својој руској земљи прешао тајно границу, пробавио тамо скоро пола године и вратио се тајно. Његови извештаји су изишли у бр. 24 и 27 наших билтена. Из тог дугог четворочасовног разговора наводим само ово:

''То је земља у којој, осим мале деце нико у очи не гледа. При разговору гледа доле, горе или поред вас, али у очи вас не гледа. Тек кад се добро упознате, очи се бојажљиво подижу и колебљиво сусрећу с вашим. Па и после тога. Навика се тешко савлађује.

То је земља такорећи без стараца и старица. То је оно што најпре пада у очи. Старије генерације су тако изрешетане, да се само ретки примерци још виђају.

То је земља дубоке резигнације. Резигнација је постала навика. Као што ми носимо огромну тежину ваздушног притиска на себи и не осећамо: навикли смо се на њу

То је земља у којој се ништа не може купити без гурњаве. Нисам за шест месеци видео у Совјетији да има иједног артикла довољно, на претек. Отуда за сваки се прави ред, "хвост": новине, шибице, сапун, брашно, ципеле, тканине или железничка карта. Ни са једне жељезничке станице не пођу никад сви путници: неко мора остати, јер нема места.

То је земља у којој се купују и ствари које човеку не требају у нади да ће путем размене лакше добити ствари које требају.

То је земља у којој само ретке, привилегисане породице по градовима, имају своју засебну собу. Врло често, у већим собама станују по три брачна пара или један брачни пар и по два или три самца.

Једном речи, то је земља која живи под терором какав се у Европи не може замислити и у оскудици која у Европи изгледа невероватна."

Али и то можда неће убедити људе који у Совјетији гледају Русију и виде срећу руског народа. Да идемо даље. Тамо влада влада која се зове Радничко-сељачка влада. И многи, који овде код нас уздишу за тим поретком, веле: сигурно је да у Русији није добро племићима и капиталистима, владикама и свештеницима, али је добро раднику и сељаку. Да видимо да ли је бар тако. Признајем да ако је добро раднику и сељаку, ако су Совјети бар тим великим слојевима народа добро учинили, онда је све што говорим противу њих неосновано. Али шта ћемо радити ако ни радницима, ни сељацима није добро?

Ти који тако мисле зачудиће се, згрануће се кад им кажем да је једина стварна опозиција Совјетима данас радник и сељак. Не неки радник и неки сељак, већ огромна већина радника и сељака. Интелигенција није опозиција. Као и по другим земљама, она је опортунистичка, каријеристичка, млака, неборбена. Племство или је уништено, или у бекству. Самосталних привредника уопште нема: ликвидирани су. Свештенство се држи искључиво цркве, која је и данас, упркос Стаљинске конституције, прогоњена. Од тих су још најборбенији, на свој начин, тзв. "бродјачи попи" (лутајући свештеници), који су нерегистровани и који ходају по селима и градовима и тајно врше обреде - и чијим молитвама се народ баш зато што су тајне и обраћа.

Али права, опасна и масовна опозиција јесу радници и сељаци.

Да је тако види се из два декрета Совјета народних комесара оног од 28. XI 38, којим је утврђено ново радничко законодавство и оног од 28 V 39, којим је утврђено ново колхозно право. Први декрет својим одредбама представља најтеже по радниха законодавство у Европи. А други декрет представља право ново поработьивање сељака. Али ова два декрета излазе из оквира наше вечерашње анализе. То можете наћи у другим нашим списима. Па ипак једно морамо рећи радничко законодавство које би тако мало водило рачуна о слободи радника, као оно у Совјетији, не постоји данас у Европи. А исто тако сељачко законодавство није сељаку у свету тако мало слободе дала као што је оно у Совјетији.

Совјети су на ово били приморани. Годинама су они на својим партијским конгресима за све своје недаће кривили ''руководјашче'' оне који предузећима управљају. Из доктринарних политичких разлога нису смели говорити да им недаће долазе због отпора који им супротстављају радничке и сељачке масе, у име чије они владају. Али на крају живот их је нагнао да отворено изнесу оптужбе и оне су се први пут чуле на XVIII партијском конгресу ВКПб (март 1939. г.) и то не више против ''руководјашчих'', већ непосредно против радника и сељака. Година 1939. сва је у знаку борбе совјетског режима против радника и сељака.

Та борба није избила тек сад. Она је стара колико и бољшевички режим. У почетку је она била борба против белих, затим против заостале интелигенције, средњих класа и свештенства. Сад се саме народне масе - не из доктринарних разлога, већ у име природе ствари у име самог живота - буне против једног немогућег система који је замислио јеврејски дух за нејеврејске народе и који јеврејски свесни и несвесни агенти хоће ка силу Бога да им наметну.

Историја совјетског режима за ових двадесет и две године је историја крваве и сурове борбе руског народа против својих завојевача представника и експонената јеврејско-марксистичке мисли. Ови последњи декрети су само отворено признање совјетског режима о тој борби баш са онима, у име чије су они оборили стари поредак, порушили толика добра, побили толике милионе људи, изложили смрти од глади десетинама милиона других, прогнали или заточили десетинама милиона трећих, а све друге подвели под режим, ''у коме, осим мале деце, нико други у очи не гледа.'' (Бурно одобравање).

Неверни ипак нису убеђени. Они износе два разлога. Први је у политичкој и војничкој снази Совјета, а други у чудним и великим стварима које су они у Русији створили. Неверни веле: „па кад је све то тако, онда откуд та велика политичка и војничка снага Совјета и откуд толике чудне и велике ствари што су тамо учињене?'' Неверни имају право да питају. И ја им одговарам: Кад се појавила та снага о којој говорите? У ком тренутку? Кад је западна Европа упала у рат. Пре тога је није било. Где је 1938. г. била Совјетија да задржи Пољску од напада на Чехословачку? Упркос совјетског протеста упућеног Пољској, ова презриво Совјетима одговара и продужује пресију и напад на Чехословачку, а Совјети при том не мрднуше да Пољску задрже.

Што своје спорове са балтичким и скандинавским државама Совјетија није расправљала пре 1. IX 39? Што свој спор с Пољском није расправила пре 7. IX 39. Један је разлог само. Да би Совјетија могла показати снагу, треба пред собом да има слабе противнике - далеко слабије од себе. (Одобравање и повици).

Војни стручњак Тајмса, 10. VIII 39., дакле у време кад је Енглеска преговарала са Совјетијом, дао је следећу оцену о црвеној војсци.

''Способна да изненадним нападом зада озбиљан удар и јаком непријатељу ако овај није на опрези.

Способна за офанзивни покрет мањег значаја против слабог непријатеља.''

Дакле неспособна да удари на јаког непријатеља који је на опрези - као што није способна ни за офанзиву општег и већег значаја чак ни против слабог противника.

Разлози су томе: технички (рђав саобраћај) војнички (слаб и неподесан старешински кадар), морално-политички (непоузданост трупа), економски (рђаво економско стање земље).

Што се тиче великих чуда о којима су неверни слушали, извесна чуда заиста постоје.

Прво је у томе што поред све статистике о испуњењу плана производње, земља има изглед врло скромног, па чак и бедног живота, а ипак ниједан артикал се без гурњаве не може, па чак често ни са гурњавом, купити.

Друга је у томе што би управо било чудо да успе режим који се хвали у свом буџету да има 80.000.000 службеника, што ће рећи чиновника и намештеника, тј. бирократије, где је по правилу лична иницијатива одбачена.

Треће је у томе да би управо било чудо да режим, у коме људска слобода и личност тако мало вреде, није био у стању да се изгради бесправном и бесплатном радном снагом толико гигантских творница и постројења, кад су пре њих то могли египатски фараони и римски цареви са далеко мање терора, а с више поштовања људске личности и слободе и бескрајно мање жртава у крви, животима људским и материјалу. (Бурно одобравање).

Али највеће чудо на које сам наишао у свом испитивању многобројне литературе и саслушавању свију сведочанстава јесте оно које сам нашао у књизи једног Француза, који описује ова горња чуда, па на крају вели: ''Може ми се замерити да нигде ништа одиста лепог и великог нисам видео. У ствари видео сам. Видео сам казнени завод на 20 km од Москве. Казнени завод који стража не чува, где кажњеници могу слободно, кад хоће да иду у оперу или кино у Москву, где кажњеници могу да доведу своје породице и да с њима на робији живе, где кажњеници имају такву угодност, и такво обиље, да се завод ипак мора чувати од оних што би хтели да из слобода уђу некако ''незаконито'' унутра.

И тако смо показали предигру драме: разјарити Немачку, оковати је паучином, раслабити победнике.

Одатле има да избије драма. Али тек онда кад се претходно оствари неочекивано и изненадно спајање Немачке и Совјетије.

И данас људи стоје збуњени пред тим неочекиванм обртом. Та зар није наша велика штампа брујала од тврдњи: ''сутра или прекосутра потписује се споразум Енглеске са Русијом''. - Узаман смо доказивали да то бити неће! Смејали нам се једни, клеветали нас други, нападали нас трећи. Па ипак Енглеска са Совјетијом није потписала споразум. Место тога, на запрепашћење свих, дошао је Немачко-совјетски пакт о ненападању. (Смех).

Какав је значај његов у овој драми? Да ли је то обичан политичко-војни пакт као што се често између земаља закључује?

А, не! Овај пакт има други значај. Он је последња сцена Предигре. Његов перфидно-сатански карактер осветљује трагичном црвеном светлошћу саму драму која почиње да се пред нашим очима одиграва.

Зато што смо знали то, зато смо упркос толиких и таквих тврђења могли упорно тврдити да неће бити постигнут споразум између Енглеске и Совјета.

Немачка је у овој Драми изазивач рата. Мотор рата, па према томе и Мотор револуције.

Преко Совјета Израиљ држи Кормило рата, па према томе и Кормило револуције.

Пакт немачко-совјетски од 23. VIII није ништа друго него спајање мотора са крмом, узимање немачке моторне снаге под утицај јеврејско-марксистичких кормилара.

Зато је тај пакт дошао као последња сцена предигре да би Мотор узео онај правац који Редитељ хоће.

Ми смо зато давно рекли да Хитлер постаје несвесни јеврејски агент. Мислећи да ради нешто што треба да донесе срећу и величину његовој Немачкој, он у ствари изазива рат и својом огромном, а опремљеном снагом и дисциплинованим народом, удара о зид англо-француски, управљан совјетским кормиларом, све у циљу који је Израиљ поставио. (Одобравање. Тако је!)

ДРАМА

И ето Драма је почела. Сјурила се Немачка на Пољску и смождила је. Немачка је спремала муњевити рат за исток и показало се да су и спрема и искоришћење одлични. Пољска је сломљена.

Али пре тога, због датих гаранција (које су непромишљено толико пута већ давали, наведени лукаво од оног истог редитеља који им је у уши дувао непрестано сулуде формуле о колективној безбедности, док их је истовремено раслабљивао и разбијао и онеспособљавао за сваку оружану брзу нападну акцију) - Енглеска и Француска објавише рат Немачкој.

Кад је Редитељ био сигуран да је сад завеса дигнута, да је драма заиста почела, да ће овог пута одиста да се игра и то истински, да нема више опасности да ствар прође на миру, да ће заиста бити лома, хука, треске, цике, дима, огња и крви - закликтао је иза кулиса скривени Редитељ, од дивље радости и насмејао се смехом леденим, трљајући задовољно руке.

''О, рекао је, колико труда и муке! И једва једном да отпочне драма коју спремам вековима. О! иде време, Израиљу! Долази крај твојим мукама, твоме страдању, твојим тешким понижењима. Иде зора, Израиљу! И иде победа твоја: благословиће те рвач с којим си се рвао у педесетвековној ноћи!''

И тада у игру улази и Совјетија. Скинувши маску са лица свог, бестидно се баци на сломљену Пољску да ''заштити животе, слободу и имовину своје једнокрвне браће'' - она која у руској земљи погази сву слободу, смрви десетине милиона живота и одузе и поништи сву имовину несрећног руског народа. Али маска већ и није много потребна. Маска је требала док не почне Драма.

Некад је Совјетија правила формуле о нападачу и беспрекорно с другим државама утврђивала ко се има сматрати нападачем. Сада, у говору Молотовљевом, видели смо да су се ''промениле прилике, па и појмови о нападачу, којима смо се ми служили, а у које су остали поверовали!''

Некада је то било потребно, кад је Совјетија била највећи хушкач против фашизма и кад је на сваки начин гледала да баци Француску и Енглеску час на Италију, час на Шпанију, час на Немачку, обећавајући им своју ''огромну'' помоћ. Данас та лаж није више потребна: тако је згодно режирана драма, да су Енглеска и Француска морале објавити рат Немачкој. Сад Совјетија може мирне душе да узме делове пољског плена, очекујући завршетак драме.

Некад је то било потребно кад су совјетски ''народни фронтови'', ''антифашистички блокови'', ''блокови демократских снага'', урлали по свим европским земљама о помагању великих западних демократија - данас ни та лаж није више потребна. Данас исти совјетско-јеврејски агенти проповедају дезертерство, неулазак у војску, мржњу према капиталистичким демократијама. Зашто више да лажу кад је драма већ почела.

Сад се тек види како је пакосно смишљена улога ове тајанствене личности што се зове Совјетија.

Заплет драме је, дакле у овоме:

Немачка, која је најбоље схватила лукаву игру Израиља, примила је с одушевљењем да у тој драми игра улогу изазивача рата, њеног Мотора, па према томе и Мотора револуције.

Она је то учинила верујући да до рата с Англо-Французима неће доћи, кад она нападне и смрви Пољску. Јер Англо-Французи на Сигфридову линију озбилно ни нападати не могу, а на други начин Пољској помоћ указивати не могу благовремено.

Ако Англо-Французи ипак у рат буду ушли због датих гаранција Пољској, то ће бита платонски рат, рат без рата. Јер ће Немачка за четири недеље сломити потпуно пољски отпор, а тада ће пасти Влада Пољске која је рат огласила, а друга ће с Немачком закључити мир, предајући јој Данциг и Коридор. Англо-Французи ће после тога морати и сами мир да закључе. А ако неће, нека седе на Мажиновљевој линији. Немачка ће иза Сигфридове линије мирно уживати плодове своје победе.

Овај рачун не био потпуно тачан, као што се видело, да 23. VIII није успела последња сцена предигре ове Драме, да се

Крма револуције (Совјетија) није везала за Мотор револуције (Немачка).

Хитлер је тога дана веровао да је надмудрио цео свет. Показали смо већ колико је од тога далеко. Јер је тај пакт омогућио Совјетији да упадне са своје стране у Пољску, да овој онемогући сваки отпор и да заузме велике делове њене земље. Сад је немогућ Хитлеров план о закључења мира с Пољском, јер је Пољска не само тучена, већ смрвљена. С киме сад мир закључити? А кад нема мира с Пољском, како да мир закључе Англо-Французи, који су обавезом части у рат због Пољске ушли?

Немци су се спремили за муњевити рат, али према југо-истоку, а не ка западу.

Англо-Французи уопште нису спремни за нападни рат, већ само за одбрану. Али су у рат ушли, јер су непромишљено дали јемства која су их нагнала да у рат уђу, иако Пољској нису стварно могли помоћи.

Мислили су да је већ и то помоћ што су ушли у рат.

Англо-Французи су довољно јаки да се одупру навали Немачкој. То и чини главну тешкоћу војног положаја Немачке, при до сада познатом оружју. Али, иако је одбрана важна, победу је ретко кад дала само одбрана. Сем кад је била дуга и тако изморждила и ослабила нападача, да нападнути могу прећи у победнички напад. Али победа у том случају долази, понављам, тек после дуге, упорне и крваве борбе.

А Англо-Французи на то и мисле. Они говоре о дугом рату. И ја мислим да искрено мисле на дуги рат. Али две опасности их у дугом рату чекају. Прва је: да ли ће њихове војске издржати такав рат? А друга је: да у Немачкој место њихове војничке победе не дође бољшевизација?

Јер, једна чињеница пада у очи. Већ два месеца стоје војске једна према другој у ратничком стању, али рата потпуног још нема. Осећа се како иза сваког фронта брекћу спремни тенкови, како тек што нису полетеле стотине ваздухопловних ескадрила, како тек што нису опалиле десетине хиљада топовских цеви, како тек што нису стотине хиљада бацача мина, бомби и пламена отпочели своје дејство. Па ипак: све још мирује.

Многи су се трудили да то објасне, па и ми. Али мислим да је право објашњење за то само ово:

Изгледа као да обе стране осећају да су тако страшна њихова убојна средства, као и она на другој страни, да људски материјал није у стању дуго издржати потпуно стављање у дејство свега оружја.

Отуда обе стране гледају да пронађу такву тачку на супротној страни где ће потпуним стављањем у дејство свог оружја, за кратко време постићи велике резултате.

Такву тачку до сад нису пронашли. Отуда не смеју ни да развију рат до потпуне пуноће.

А оно горње решење на које рачунају Англо-Французи, представља дуг и крвав рат, где би Немци прво нападали бесоумучно и били крваво одбијени, да затим и сами буду нападнути и побеђени. Зато и велимо, с обзиром на очигледан и оправдан страх да људи мање издрже од оружја: дуги и крвави рат има мало изгледа да се заврши победом. Напротив, невероватно је. И на ту могућност и рачуна Редитељ драме ове, и његов експонент, Совјетија - да се крвава и дуга драма заврши онако како су јудео-марксисти и замислили.

Има ли изгледа да се драма тако несрећно не сврши?

Зид англо-француски, Мотор-немачки и Кормило совјетско су главне личности Драме.

Биће изигран редитељ Израиљски, ако му Кормило откаже послушност. Има ли наде за то? Совјетија избегава рат, али мобилизацијом држи знатне снаге народа под оружјем. За режиме као што је њен и сама мобилизација представља опасност, јер од незадовољног становништва који је дотле пасивно подносило све, мобилизација чини војнике, дакле грађане активне одбране. А то помера однос грађана према режиму, и режим мора да попушта у стези, док грађани добијају слободу да према режиму заузимају усправнији став.

Нарочито је за Совјетију опасан експеримент довођења њихових војника у могућност да упознају хивот у осталој Европи, о коме су они били упознати само преко пропаганде своје, која им је у материјалном погледу своју земљу представљала као рај, а Европу као пакао. Сад ће њени војници видети у заузетим деловима Пољске и балтичким државама такве животне могућности какве они не могу нигде видети у Совјетији и какве ни замислити нису могли.

Исто тако потреба снабдевања војске мора изазвати дубоке промене у њиховом економском устројству - или слом целе државе.

Сви ови моменти могу током ове Драме учинити да се прилике у Совјетији дубоко промене у правом националном руском, словенском и хришћанском правцу. Деси ли се то, Кормило ће издати редитеља. Оно ће стрести са себе његову прљаву шапу. Неће бити Совјетије више, већ ће права народна Русија доћи на своје место. То би најпотпуније изиграло планове Редитеља ове драме.

Али, ако Кормило не изда Редитеља, онда је друга могућност: да Мотор откаже. Та је могућст далеко мања од оне прве. Требаће многи и крвави порази па да Мотор немачки откаже. А тога за сад нема. Тек је требало да дође. Ако нема неког непознатог новог техничког средства, то може да дође тек после дугог и крвавог рата. А тај крвави рат је баш оно што тражи РедитељДраме ради постигнућа циљева својих.

Тако дакле, Драма је лукаво спремљена. Израиљ има разлога да иза кулиса трља руке и да се смеје, како само он уме. По људској памети судећи, сва је вероватноћа да Драма успе.

Али, Редитељ не жели да се Драма распростире само на запад Европе, његова је жеља да она обухвати цео свет. Ни стопе земље да не буде коју Драма не би обухватила.

Засад, у првој и другој сцени првог чина, појавили су се на Позорници Пољска и Немачка, Енглеска и Француска и Совјетија. Али Израиљ жели да ту дођу и други народи: и они балтички и балкански, и они мали и мирни Холанђани, Белгијанци и Финци- целу Европу, он жели, да драма обухвати.

Каква му се власт то даде над Европом? Каква то казна Европи дође?

Сва њена лепота и снага, богатство и мудрост дошли су под знаком Крста Христовог.

Али током сто педесет година своје последње историје, Европа се подаде материјалистичком безбоштву и Христоборству. И изгуби оријентацију. И смете се. Као брод на пучини океанској коме су бусолу украли, или му облаци северњачу закрили. И тада дођоше изасланици лукавог Израиља и предложише европским народима своје лажне бусоле и своје лажне северњаче. Примише то народи европски. И учини им се да су паметнији постали, зато што им наука и техника у свакидашњем животу моћ увелича, а заборавише да кад бусоле на броду нема, може брод бити и с највећом другом техничком опремом - ништа му помоћи неће. Лутаће и пропасти заједно са свима путницима и свом другом техником и богатством.

Ових сто педесет година Европа говораше: дај ми људе челичне воље и одлучности, аскетског поштења и генијалне памети. А то може бити и без Христа. И шта тражише, то и доби: Стаљина, Хитлера и Мусолинија.

Сад је пред крахом. Пред опасношћу својом. Што ће јој се одузети богатства, ни по јада. Али опустеће и пропашће, изгинуће јој чеда и у шуме побећи. А после ће већ, под владом Израиља настати живот који Израиљ буде завео. (Бурно одушевљење)

ЗАКЉУЧАК

Али, ја не испричах вама, браћи и сестрама својим, ово зато да вас ослабим и убијем вам дух и снагу. Већ зато да вам истину откријем. Истину која вам наша штампа неће изнети, као ни други људи које слушате, ради велике силе Израиљске.

Да вам прикажем ту истину, гоне ме љубав и страх. Љубав, да би се како год спасли - а страх, јер опасност и долази због непознавања истине.

Како превари оца свога Јаков те од мањег поста већи, од млађег старији, од сиромашнијег богатији,од повлашћенијег повлашћенији? Како доби Јаков благослов очев намењен Исаку - питам вас? Јарећим кожицама! Али зар би му помогле да Исак није био слеп? Само слепоћа Исакова учини те отац не откри превару.

Ако, дакле, данас пред вама ово говорим, говорим јер морам говорити, јер се надам, јер верујем, да је Бог милостиви одредио да роду мом скрама падне с очију: да прогледа, да престане бити слеп, да у пуној светлости распозна шта му је слепило бранило да до данас види. (Одобравање).

То је први циљ овог предавања: да на лукаву игру Редитеља пажњу привучем и откријем, да би род мој очи отворио.

Али није довољно само то. Ако ја ово говорим а ви слушате, примате па чак и памтите, никакве користи од свега тога неће бити, ако се само на то добит сведе.

Европски народи су данас у стању у коме је Демостен говорећи Атињанима о опасности што им Филип са севера доноси, описао да се налазе дивљаци. Дивљак се - вели - бори тако као ви, Атињани: он носи своју руку тамо где га је непријатељ ударио - да је одмах затим пренесе на другу страну, где је непријатељ премостио свој ударац. Он ништа не чини да непријатеља предупреди. Он се само брани тамо где су ударци већ нанети, остављајући непријатељу без одбране другу страну."

Циљ мог данашњег говора није да изазовем очајање. Напротив, циљ је у томе да откривајући истинит положај у свету, изазовем чврсту одлуку код својих слушалаца да се бране јуначки, истински и паметно, а не као Демостенови дивљаци.

Европски народи су ушли у овај страшни сукоб прво зато што нису видели Великог Редитеља Драме Човечанства. Или, уколико су га видели, па чак и говорили да схватају лукавост његову, што су мислили да се том лукавом игром користе, уверени да ће они надмудрити Лукавога. Драма у досадашњем развоју показује да су се преварили.

Не буду ли, дакле, европски народи схватили планове Редитеља, не буду ли отпочели да играју по овим плановима, већ да их изигравају, Драма човечанства ће пасти онако како је замислио и како је њом досада и управљао њен Редитељ. (Бурно одобравање).

Потребно је, дакле, не само да се планови Редитеља упознају, већ баш зато да он с њима не би успео.

Отуда, ако слушаоци моји данас не буду побуђени на чврсту одлуку да ту борбу противу планова Редитељевих приме, макар и признали иначе да сам у праву - ништа ме неће обрадовати: узаман сам говорио.

И од тога се бојим. Не бојим се да ћете рећи: није нам се говор допао, или није истина оно што говори, већ се бојим да ћете рећи: "допало ми се, истина је што говори али - шта ја могу?" Или "нека се други бори!" Или: "нисам ја позван!" Или: "боље да седим мирно!" Од тога се бојим. Нисам ја, браћо и сестре, дошао к вама, ради похвала или славе. Ништа то ни мени, ни вама не треба. Оно чега ради сам дошао то је: да вам планове лукавога Израиља откријем, те да се решите да у борбу противу њих пођете.

Не позивам вас да лупате јеврејске излоге, радње или главе. Напротив. То су јевтина средства помоћу којих Израиљ учвршћује своју владавину, будећи у свету милосрђе према свом бедном положају. (Био сам уверен да ће прогонство Јевреја у немачкој бити завршено прескупо за саму Немачку). Позивам вас напротив, да сваки излог, радњу или главу јеврејску поштујете онако као и излог, радњу или главу ма ког другог грађанина наше земље. То поштујте. Али разбијајте, ломите, кршите планове јеврејске. Народ који ломи излоге, радње и главе јеврејске, а поштује и поступа по плановима јеврејским, тај народ је мио Израиљу. (Одобравање) Израиљ га има у својим рукама.

Држи га на невидљивом, али врло моћном ланцу. Одиграће тај народ улогу спремљену у Драми Човечанства, онако како Израиљ хоће. (Бурно одобравање).

''Па како ћемо то поћи у борбу'' - питате ви. ''шта треба, дакле, да чинимо, кад већ маску Израиљу скинемо, кад му планове сазнамо? Шта треба да чинимо да Редитељ у намерама својим не успе?''

Највећа је опасност за лађу једну кад јој униште бусолу. Нека свега на њој има у изобиљу, нека јој стројеви брекћу од снаге - а бусола само ако се поквари на пучини, где се само небо и вода пружају до бесконачности, па за лађу највећу, често страшну опасност представља. Изгубљена на пучини, пут не може наћи, опасности не може побећи: олупина ће постати.

Тако и са народима бива кад изгубе духовне основе свога живота. Сви губици ће доћи иза тог, данас тако незнатног губитка. Здравље ће изгубити, слободу изгубити, богатства изгубити, царство изгубити, славу и хвалу изгубити. Лутаће животним океаном народ тај, склањаће се други народи од њега и његовог пријатељства, као што се бродоси, које таква несрећа није постигла, уклањају с пута олупини пропале лађе.

Свака народ који изгуби духовне основе свога живота, постаје одмах роб лукавога Израиља. Место исправне бусоле, Израиљ му доноси своју лажну. И народ који је изгубио своју, немајући мерила да утврди лажност оне израиљске, прима ову оберучке, славећи и хвалећи Израиља и памет његову што му је овакву бусолу пронашао и дао. Чак му се чинн да је ова нова бусола лепша и угоднија од оне старе. Не види несрећни роб израиљски, да се сам Израиљ овом бусолом не служи, или привидно служи (знајући колико је удаљена од истине, у памети је исправља, онако исто као што ви, кад знате колико вам часовник заостаје или иде напред од тачног времена, те иако се нетачним часовником служите, ипак тачно време знате). Не види несретни роб израиљски, да га ова бусола израиљска све даље води од тихих и мирних вода којима га је стара бусола водила и никако га у тихо пристаниште не уводи, већ све на буре и тајфуне веће, под облаке страшније, под громове многобројније, на подводне стене оштрије. Не види роб Израиљски, да ''иде час, и већ је ту сад'', кад ће он морати да падне пред ноге Израиља великог, и да моли:

''Ето, већ је зора, Израиљу! Ослободи ме. Пусти ме да се одморим! Само ти можеш заповедати овом мојом лађом. Спаси ме, Израиљу, јер не умем изићи из буре ове страшне ако ме ти не изведеш. Узми ми све, Израиљу, и слободу, и лађу моју. Заповедај, Израиљу, а ја ћу слушати!''

Треба дакле прво пронаћи негде стару исправну народну бусолу, а преко ограде бацити у море, не Израиља, већ његову лажну бусолу. Треба лажне духовне основе нашег народног живота одбацити, а праве, истините, оне на којима је народ изникао, растао, снажио се, красио се, цветао, у миру и радости, те основе духовне вратити. (Бурно одобравање и поклици. Живео!)

И све што је Збор до данас, од своје прве појаве радио, то је у ствари борба против оних слепих синова нашег рада, што се не само лажном бусолом на нашој народној лађи служе па не дају да им се очи отворе, да им се покаже и докаже да је бусола лажна. Да нам је намерно неисправна бусола подметнута. .

Ми смо у Збору одбацили ту лажну бусолу. Утврдили смо и доказали њену лажност. Пронашли праву многовековну бусолу народну и њу хоћемо да вратимо на своје место. Нисмо је из своје главе измислили, већ смо заронили у дубину народног живота и нашли је ту, сачувану у његовој души.

Велики је то и тежак посао. Мучан је и горак наш пут због тога. Али ето ми идемо. Ми смо већ годинама на истом путу. Ми се боримо. Све што смо издржали: каменице оштре и клевету подлу, убоде ножем и хице из револвера и оне из пушака, забране, прогоне, и затворе, ништа нас није зауставило.

Ви мало пре питате: ''Како да се боримо? - Хоћете ли заиста, питам вас место одговора. Јесте ли заиста ви јуначка душа и јуначка крв? Да ли сте заиста вољни да се борите? - Јесте!? - Е па, у добри час! Дођите нам одмах, од данас, ни часа не часите. Добре се одлуке не одлажу. Приђите нам да се боримо: да се права бусола јеврејска баци преко ограде, а да се на њено место поставе начела... исконског нашег народног живота: чојство, јунаштво, и домаћинство. (Бог-домаћин у Васељени, Краљ - домаћин (ни тиранин, ни лутка, већ домаћин) у Држави, и Домаћин (муж и отац) у Дому - место разорног шићарџиства и кукавиштва и безличног поретка у Васељена Држави и Дому. (Одобравање).

Али, ако на то пристанете, онда нас ово мора довести у другу борбу: борбу за прави народни и државни строј - јер да је наш данашњи строј народни у држави, зар би наша народна бусола била одбачена, а на њено место лажна израиљска убачена.

Друга борба Збора је борба за прави народни строј државе, за народну државу. Држава је инструмент народне судбине. Данашња демократска (права или лажна демократска) капиталистичка држава је држава народна. Она служи баш зато да би омогућила Израиљу да се преко ње домогне утицаја над судбином народном. Она је национална, али је ненародна, па често, несвесно и противнародна. (Бурно одобравање).

Када дође до праве духовне бусоле народне, кад се кроз њу добије тачно гледиште на свет и живот, онда ће одмах пасти слепило које је замрачивало наш досадашњи живот и ми ћемо схватити какав мора бити строј наше државе да би великим народним интересима одговорио.

Има много просвећених народних синова који ће се згрозити или саблазнити од ових мојих речи, па ће бити готови да се омах баце каменом или клеветом на мене.

Али ја их молим, да мало размисле. Ево само једне чињенице. Она је слатка јер се ради о шећеру, а горка - јер је истина.

На једном скупу сељака произвођача шећерне репе био сам пролетос позван у Српско пољопривредно друштво. Овако сам говорио тада: ''Ја овде видим да су сазивачи позвали сва Министарства, па чак и војску. Живела војска, вичу сељаци, а генерал-изасланик устаје и љубазно се клања на све стране.

Али то су сазивачи погрешили. Они се управљају по Уставу Краљевине Југославије. Тамо стоји да државом управља Краљ, Намесништво, Сенат, Скупштина, Влада, Војска, чиновништво. Све је то тако по Уставу и по Уставу би тако требало да буде. Зато су сазивачи о овом важном народном питању све ове чиниоце скоро и позвали.

Али у питању шећера и шећерне репе нису меродавни, ни Краљ, ни Намесништво, ни Влада, ни Сенат, ни Скупштина, ни Војска, ни чиновништво -ту је једини, апсолутни господар Југословенска индустрија шећера.

На једној страни педесет хиљада сељака раде шећерну репу, из које се и добија шећер. Пошто ће им се рачунати семе, колико ће и кад сејати, кад ће вадити, како и под којим условима продавати, колико ће за све то добити - то није њихово да мисле, да кажу; то ће решити Југословенска индустрија шећера. Ако им се не допада, нека не сеју репу - нека сеју друго што.

На другој страни три и по милиона југословенских домова једу шећер: какав је шећер, колико ће га бити и пошто ће се продавати, то није њихово да одлуче. То ће решити Југословенска индустрија шећера. Ако им се не допада, нека не купују шећер, нека га не једу - нека једу друго што.

У Југословенској индустрији шећера седе пак и суверено одлучују ових шест некрштених, раскрштених или покрштених лица: Елбоген, Елек, Ледерер, Шварц, Лесић и Коен.

И сад сте и ви, господо и браћо, решили да говорите о једној ствари, која управо није ни ваша, о томе каква ће бити цена шећерне репе, дакле о питању за које су стварно и искључиво надлежни Елбоген, Елек, Ледерер, Шварц, Лесић и Коен. И то да решавате, а њих, нашу Југословенску индустрију шећера, чак нисте ни позвали! А позвали сте овамо оне власти о којима вам Устав Краљевине Југославије пише! "Е па лепо, да вам кажем: ништа нема од данашњег разговора! Само смо сви заједно време изгубили: и ми произвођачи и ови наши високи гости!

Ето то сам имао да вам кажем!" - тако заврших овај одиста чудни говор.

Али, тако је на сваком кораку (а не само код шећера) где год се макнете, било то ма на ком одељку економског, духовног или политичког живота нашег. Свуда по неколико лица у том пољу суверено владају а о правим народним и државним интересима немају ни потребе да воде рачуна. И свуда су по правилу - некрштени или покрштени.

Такав ненародни систем омогућава демократија (била права или лажна), јер демократија је политички израз калиталистичког, дакле, ненародног строја. Капитализам и демократија су лице и наличје једне и исте ствари. А обоје су изашли из истог, ненародног, индивидуалистичког гледишта на свет, из оне лажне, подметнуте нам јеврејске бусоле. (Одобравање).

Органски поглед, место индивидуалистичког, дају народу и држави одмах онај други недемократски, али народни, сталешко-задружни облик - у коме Краљ - домаћин на врху са народним сталежима у Сабору решава најозбиљнија и најосновнија државна питања -док Влада у Управи, као судови у Судству, потпуно и стварно врши власт засновану на законима и по закону, избацујући партизанско мерило, а замењујући га општенародним и општедржавним, оним мерилима с правом бусолом, која су из данашњег строја бачена преко ограде.

Није моје данас да о томе даље говорим. Оволико само да нагласим, да бисте разумели наше зборашко дело.

Ми, у Збору, чим смо усвојили народни дух, одмах смо видели да то води и правој народној држави

Утврдили смо, дакле, ненародност данашњег строја. Доказали смо да је у данашњем Краљ или лутка или тиранин - само Домаћин није. А он Домаћин мора бити. Такав је земљи потребан. Зато народ наш није могао никад државу без Краља замислити, исто онако као што не може замислити Васељену без Бога ни Дом без Домаћина. (Одобравање бурно). Зато смо ступили у борбу за нови народни строј и народну државу. Нисмо ми то из своје главе измислили, већ смо заронили у дубину народног живота и нашли тај строј тамо.

Велика је то и тешка борба. Мучан је и горак наш пут због тога. Али, ето, ми идемо. Ми смо већ годинама на истом путу. Ми се боримо. Све што смо издржали: каменице оштре и клевету подлу, ударе кама и хице из револвера и оне из пушке, забране, прогоне и затворе - ништа нас није зауставило.

Ви малопре питате: Како да се боримо? -Хоћете ли заиста? -питам вас, место договора. Јесте ли ви заиста јуначка душа и јуначка крв? Да ли сте заиста вољни да се борите? Јесте? Е па добро! Дођите нам онда одмах, ни часа не часите: добре се одлуке не одлажу, приђите нам да се боримо: да се лажни, ненародно-капиталистичко-демократски строј баци преко ограде, и да се на његово место успостави права народна држава са Краљем Домаћином на челу, са сталежима народним, а не партијама, као правим изразима народних потреба, са Сабором, а не са парламентаризмом, са истински независним, али зато стварно одговорним Владом и Судством.

А ако све ово примите, онда ћете ово треће најлакше примити. Велики Редитељ хоће да запали свет, а прво Европу. Благодарећи, с једне стране, јарећим кожицама којима стално руке и врат свој покривен има и слепилу оних с којима ради, Редитељ је успео да пожар у Европи ужегне. Пожар велики и страшан.

У првој сцени првог чина била је само Немачка и Пољска.

У другој сцени дошле су Енглеска и Француска.

У трећој сцени првог чина појавила се Финска.

За други чин Драме је Велики Редатељ намеран да увуче Балкан. Пожар треба да се прошири и овамо. Тек одавде има изгледа да пожар постане уистину европски.

Ми сад знамо његове планове. Морамо то спречити. То није обично политичко питање, па чак ни обичан рат. То је рат пустоши, онај што Израиљу треба да поруши све националне државе и да на њиховим развалинама оствари ону своју замисао: о општој европској односно светској држави, којом ће он владати.

Наша земља је већ у току ове године рекла да је неутрална. Ми смо тим задовољни. Само: и Финска је била неутрална, а биле би и Пољска и Чехословачка и Албанија, да сад постоје.

Да би остала неутрална - ми смо то показали и доказали - она може само на један начин: да не води своју, већ балканску политику. Само уједињен Балкан, смирен, у заједнички балкански блок мира; само тај Балкан може одстранити са свога тла све могуће изговоре и утицаје Великог Редитеља ове драме, ма чију маску на себе ставио и ма којим речима да покушава да нас саветује.

То је мисија, задатак наше земље. То је њен врховни интерес. Она може очувати, ако другачије ради, своју слободу по цену губитка мира, или мир по цену губитка слободе. А ми нећемо да изгубимо ни мир, ни слободу. Хоћемо да их сачувамо обоје. (Одобравање).

И ви сте, видим за то! Добро је! Али, онда радимо на томе што ће нам мир и слободу сачувати: свуда мисао о солидарности Балкана преносимо. Претворимо се у хитре носиоце те мисли, у борце њене. Схватамо шта нас изван тога очекује.

Ова мисао за коју се залажемо с разлозима у руци, учинила је велики напредак свуда на Балкану. Али, нема ко да искрено, одлучно, смишљено, паметно ту мисао на Балкану заиста и доведе до дела. Наша политика се задовољава платонским изјавама. Ми иначе, као плута на таласима, трпимо догађаје. Ми не руководимо њима. Говоримо уснама да је то потребно, али не радимо да то и дође, као да нам изван тога има још гдегод спаса.

Ми говоримо овако на све стране. Наш глас је допро и до других балканских престоница. Али глас ће нам бити јачи, ако ваша данашња одлука хоће да нам помогне у тој борби за тај трећи став наше зборашке мисли.

Велика је то и тешка борба. Мучан је и горак наш пут због тога. Али, ето, ми идемо. Ми смо годинама већ на истом путу. Ми се боримо. Све што смо издржали: каменице оштре и клевете подле, ударе каме, хице из револвера и оне из пушке, забране, прогоне и затвореништва - није нас заустављало.

Ви малопре питате: "Како да се боримо? Хоћете ли заиста? Место одговора питам вас јесте ли заиста јуначка крв и јуначка душа? Да ли сте заиста вољни да се борите? Јесте?! Е па добро! Дођите нам онда одмах, ни часа не часите: добре се одлуке не одлажу. Приђите нам да се боримо за мирни снажни и слободни Балкан, који једино може с нама и осталим балканским народима и мир и слободу сачувати.

И већ да завршпм ово предуго излагање, а као да чујем једно питање. Питање које не смем оставити без одговора.

Као да неки од вас питају:

"Хоће ли успети лукави Редитељ Драме ове? толико је успеха већ постигао да нас је страх да се нећемо моћи одупрети. Као да је заиста суђено, одређено да успе!"

Место одговора испричаћу вам причу коју прочитах у књизи славнога пророка Јоне. Ова прича ће донети одговор на постављено питање.

Доби Јона, син Аматијев, глас од Господа да иде у Ниниву, град велики те да проповеда гнев Господњи и суд Божји над њим за недела и безакоња му велика.

Али Јона не оде у Ниниву, већ изиђе на обалу морску и уђе у лађу да иде у Торзис.

Разљути се Господ јако, те подиже талас те тако да се чињаше да ће лађе море прогутати. Уплашени лађари говораху у страху: "На кога се небеса разљутише?" Бацише коцку и ова паде на Јону.

"Истина је, људи лађари, рече Јона. Бог мој страшно се разљути због моје непослушности. Већ ме баците у море да се ви спасете."

И кад га лађари бацише, наиђе кит и прогута Јону. И Јона уплашен цвиљаше три дана и три ноћи у утроби китовој говорећи: "Помилуј ме и спаси, Господе, Боже мој. Згреших. Али милост твоја је велика". И кит Јону избљува на обалу, баш према великом и славном граду Ниниви.

А Јона се подиже и онако јадан и мокар упаде у Ниниву и страшним гласом стаде говорити: "Људи Нинивљани! Господ страшни ме посла и ако не хтедох доћи, већ покушах побећи у Торзис. Буру посла да ме из лађе избаци. Киту заповеди да ме прогута, а не поједе и да ме превезе овамо пред Ниниву. Посла ме Господ да вам кажем да иде суд и гнев његов због грехова и отпадништва вашег. Огањ и сумпор послаће Господ на домове ваше, на имања ваша, на децу вашу, на лепоту и славу вашу. Тешко теби Нниниво славна!"

А цар нинивски чувши то, уплаши се, сиђе с престола златног, подера скупоцене хаљине своје и врже на се коштретно одело, посу главу пепелом и нареди целој Ниниви пост од три дана. И запости Нинива у страху и Бог увидев, раскаја се од намере своје и Нинива не пропаде.

Видевшп, пак, то Јона се расрде и изиђе из зидине Ниниве, подиже од грања себи мало колибе, јер беше припека тешка, па седе и овако говораше:

"Знам ја тебе, Господе: Милостива си срца. Не остајеш при својим праведним намерама и судовима. Зато те и не хтедох послушати."

Тако говораше Јона, син Аматијев, али му нико не одговори, јер небеса ћутаху, а сунце немилосрдно пржаше.

Али гле! Деси се чудо. Семе од тикве што бејаше ту негде код ногу Јониних проклија, и за час му вреже набујаху и свом бујношћу својом покрише колибу, и направише хлад, те Јони би добро.

Али Бог црва посла те прегризе корен од тикве, а сунце је спржи и тиква увене, спаруши се и сасуши. А сунце продре кроз оголело грање и отпоче пржити Јону по челу.

Једно жалост због тикве, а друго бес због жара сунчаног, учинише те Јона леже у прах и подигав руке небу повика из гласа: "Узми ме, Господе, што ме мучиш. Море ме хтеде прогутати, али кит би бржи па ме он прогута. И три дана и три ноћи му бејах у утроби па ме избљува по твом наређењу, те тако дођох у Ниниву. Проповедах реч твоју, претњу твоју, али она се не испуни, јер ти одуста од намере своје. Сад се не хтеде смиловати ни овој бедној тикви, већ и њу јадницу испржи... Узми ме, Господе, да се не мучим!"

"О Јона, Јона! Теби је жао тикве око које се ниси ни трудио, ни мучио, а мени да не буде жао великог и славног града Ниниве у којој, осим стоке има сто двадесет тисућа људских створења што не знају ни шта је лево, ни шта је десно."

Велики Редитељ је добро сплео замке пропасти хришћанске. И посао му је по лукавој замисли добро почео. И све иде за сад како он хоће.

Али ето, ми му игру откривамо. Оно што смо видели иза кулиса, јављамо да се зна, позивамо људе да изиграју сатанске планове несрећног Великог Редитеља.

Ви питате: "хоће ли се испунити намера Редитеља?"

Место одговора ми вам говоримо шта треба радити да се планови Редитеља изиграју.

Ви застајете. Бојите се. Колебате се. Сумњате у успех. Бојите се пакленог савршенства плана и режије. Због тога као да и наду губите.

На ово немам друге речи да кажем осим оне коју Јони Господ рече: ''Теби је жао тикве око које се ниси ни трудио, ни мучио, а мени да не буде жао великог и славног града Ниниве, у коме, осим стоке, има сто двадесет тисућа људских створења што не знају ни шта је лево, ни шта десно.''

Није Редитељ свемогућ. Његови успеси долазе од његове лукавости и нашег слепила. Зато радимо да слепило престане, тада ће лукавост одмах бити откривена.

Али изнад света тога, уздајмо се у Онога који се смиловао Ниниви - јер, гле! У Европи има тисућу пута по сто и двадесет тисућа оних људских створења што још не знају ни шта је лево, ни шта је десно!

Наша је борба на тој нади и на тој вери и заснована.

(Бурно одобравање. Поклици ''Живео!'' Људи се тискају да стегну руку предавачу, а из суседне сале ори се снажна песма омладине ''Војска смене нову земљу носи''...).

Предавање

ДРАМА САВРЕМЕНОГ ЧОВЕЧАНСТВА

одржао је Димитрије В. Љотић у више од 20 места наше земље.

Објављени текст је по стенограму првог предавања, одржаног у Београду у сали Инжињерског дома 25. октобра 1939. године.

КРАТКА БИОГРАФИЈА ДИМИТРИЈА В. ЉОТИЋА

Димитрије В. Љотић рођен је 12. августа 1891. године у Београду од оца Владимира и мајке Љубице рођене Станојевић. Основну школу и гимназију учио је у Смедереву и у Солуну, где му је отац био конзул краљевине Србије. У Солуну је завршио гимназију, те се потом уписао на Правни факултет Београдског Универзитета. Дипломирао је у Београду 8. јула 1913. године. У јесен 1913. године одлази у Париз на постдипломске студије. Из Париза се вратио 1914 године пре почетка Првог светског рата. 1. септембра 1914. године позван је увојску. Учествовао је у борбама током 1914. и 1915. године. У зиму 1915. са српском војском се повлачио кроз Албанију. Учествовао је у пробоју Солунског фронта 1918. године. Приликом гоњења Немаца и Бугара, које је српска војска силовито терала из Србије, Димитрије В. Љотић био је рањен на Овчем Пољу. По завршетку рата 1919. године био је постављен за командира железничке станице у Бакру, у Далмацији. Ту се 16. априла 1920. године десио комунистички штрајк железничара. На делу пруге коју је осигуравао, Љотић је сломио штрајк и завео ред. Демобилисан је као поручник 17. јуна 1920.. године, те се ускоро оженио с девојком из Бакра Ивком рођеном Мавринац. Венчали су се септембра месеца 1920. године у Смедереву где су засновали свој дом.

Након венчања Димитрије В. Љотић је 22. септембра 1920. године положио адвокатски испит у Београду те је отворио своју адвокатуру у Смедереву, где се уједно бавио организовањем земљорадничких задруга, које је успео да обједини у Савез, чији је председник постао. Иако није желео да улази у партијски живот новоствоерене Краљевине Срба, Хрвата и Словенаца, очеви пријатељи су успели да га активирају у Радикалној странци, те је постао Председник омладинске организације радикала у Смедереву. Међутим, године 1926. напушта Радикалну странку као дисидент, те је 1927. године изашао на изборе са дисидентском листом

Радикала, која је победила службену странку, али Љотић није био изабран за посланика јер није имао потребан количник.

После тога се увелико посветио задругарству. По жељи Краља Александра I Димитрије Љотић је фебруара месеца 1931. године постављен за Министра Правде на коме положају је остао до септембра исте године. После погибије Краља Александра основао је 1934. године Југословенски народни покрет "ЗБОР". Са покретом је излазио на изборе и 5. маја 1935. и 11. децембра 1938. године. После пуча 27. марта 1941. године Димитрије В. Љотић је постављен за команданта VI Пешадијског допунског пука с којим је ушао у Априлски рат. После велике трагедије у Смедереву 5. јуна 1941. године, Влада генерала Недића га је поставила за Изванредног комесара за обнову Смедерева, на коме је положају остао до повлачења у Словенију, где је 23. априла 1945. године погинуо у аутомобилској несрећи код Ајдовшчине. Имао је синове Владимира и Николу и кћерку Љубицу.

Димитрије Љотић

Садржај

www.ingramcontent.com/pod-product-compliance
Lightning Source LLC
Chambersburg PA
CBHW070818290526
45795CB00002B/759